지하철 역명으로 보는 한국사 – 부산 편

* **일러두기**
  이 책의 이야기는 전설과 유래를 바탕으로 했습니다.

지하철 역명으로 보는 한국사 – 부산 편

초판 1쇄 발행 | 2025년 12월 10일

글쓴이 | 안미연
그린이 | 윤유리

펴낸이 | 조미현
책임편집 | 황정원
디자인 | 김수현
마케팅 | 임혁
제작 | 이현

펴낸곳 | (주)현암사
등록 | 1951년 12월 24일·제10-126호
주소 | 04029 서울시 마포구 동교로12안길 35
전화 | 02-365-5051·**팩스** | 02-313-2729
전자우편 | child@hyeonamsa.com
홈페이지 | www.hyeonamsa.com
블로그 | blog.naver.com/hyeonamsa
인스타그램 | instrgram.com/hyeonam_junior

ⓒ 안미연, 윤유리 2025

ISBN 978-89-323-7664-6 73900

* 이 책은 저작권법에 따라 보호를 받는 저작물이므로 저작권자와 출판사의 허락 없이
  이 책의 내용을 복제하거나 다른 용도로 쓸 수 없습니다.
* 책값은 뒤표지에 있습니다. 잘못된 책은 바꾸어 드립니다.
* 현암주니어는 (주)현암사의 아동 브랜드입니다.

제품명 도서	**전화** 02-365-5051
제조년월 2025년 12월	**제조국명** 대한민국
제조자명 (주)현암사	**사용연령** 8세 이상
주소 서울시 마포구 동교로12안길 35	

주의사항 책 모서리에 부딪히거나 종이에 베이지 않도록 주의해 주세요.
* KC 마크는 이 제품이 공통안전기준에 적합하였음을 의미합니다.

동래역은 왜 동래역이야?

지하철 역명으로 보는 한국사 – 부산 편

안미연 글 | 윤유리 그림

현암주니어

우리 역사 지하철 여행 노선

1호선
- 10 노포역
- 14 범어사역
- 18 구서역
- 22 온천장역
- 26 명륜역
- 30 동래역
- 32 역수역의 정보 플러스
- 34 양정역
- 38 범내골역
- 42 범일역
- 46 초량역
- 50 역수역의 정보 플러스
- 52 부산역
- 54 남포역
- 58 토성역

부산의 또 다른 전철

- 동해선 광역전철
- 158 부산김해경전철

- 156 우리 동네 역의 역사
- 154 역수역의 정보 플러스
- 152 수안역
- 150 충렬사역
- 148 윗반송역
- 144 고촌역

4호선

- 140 우리 동네 역의 역사
- 136 수영역
- 132 망미역

2호선

- 60 동대신역
- 62 괴정역
- 66 다대포항역
- 70 우리 동네 역의 역사
- 74 금곡역
- 76 율리역
- 78 구명역
- 82 역수역의 정보 플러스
- 84 모라역
- 86 주례역
- 88 개금역
- 92 가야역
- 96 문현역

3호선

- 130 종합운동장역
- 128 사직역
- 124 만덕역
- 122 역수역의 정보 플러스
- 120 구포역
- 116 우리 동네 역의 역사
- 114 해운대역
- 110 동백역
- 108 민락역
- 106 역수역의 정보 플러스
- 102 수영역
- 98 금련산역

부산 지하철 출발 전에

안녕하세요.

여러분, 지하철을 타 본 적 있죠? 지하철은 땅 밑으로 터널을 파서 철길을 놓고, 그 위를 달리는 열차를 말해요. 그러니까 땅 아래, '지하'로 달리는 '철'도라는 뜻이지요. 우리나라 지하철은 어떤 교통수단보다 빠르고, 도착과 출발 시간이 정확하기로 세계에서 손꼽혀요. 그뿐만 아니라 깨끗하고 편리해요.

우리나라에 지하철은 1974년 서울 지하철 1호선이 처음 생겼어요. 그 뒤 1985년에는 우리나라 도시 두 번째로 부산에 부산 지하철 1호선의 첫 구간이 열렸어요. 세 번째로 대구에, 네 번째로 광주에, 다섯 번째로 대전에 지하철이 생겼어요.

두 번째로 지하철이 생긴 부산은 아름다운 바다와 만나는 바다의 도시지요. 수출하고 수입하는 물건이 드나드는 무역의 도시이고요. 전 세계 사람들이 모이는 국제 영화제가 열리는 문화의 도시이지요.

부산의 한자는 '가마솥 부(釜), 뫼 산(山)'으로, '가마솥 산'이라는 뜻이에요. 그 이름처럼 부산은 무역과 문화와 미래를 향한 발걸음이 가마솥처럼 펄펄 끓는 도시이기도 해요.

　그럼 저와 함께 활기찬 도시, 부산의 지하철 역사 여행을 떠나 볼까요?
　저는 부산 지하철 1호선에서 4호선까지 함께하면서 역 이름에 숨어 있는 우리 역사를 알려 드리는 역장이에요. 여러분은 지하철을 타면서 부산 지하철역 이름은 왜 이런 이름일까 궁금했던 적이 있나요? 그렇다면 저 '역수역'이 속 시원히 궁금증을 풀어 줄게요. '역수역'이란 '역사 수다쟁이 역장'이라는 뜻이에요. 역사에 관한 수다를 떨면 시간 가는 줄 모른다고 붙여진 별명이지요.

　역사라면 나하고 상관없는 먼 옛날이야기이고 외울 것만 많은 교과목인데, 지하철역 이름과 무슨 상관이냐고요? 지하철역 이름은 그 동네 이름을 붙인 곳이 많아요. 동네 이름이 그렇게 정해진 데는 우리 조상들이 살아온 역사가 숨겨져 있고요. 지금 그 동네에 우리가 살고 있지요. 그러니 역사는 나하고 상관없는 먼 옛날이야기만은 아니라는 뜻이에요. 우리가 사는 동네, 날마다 지나는 거리, 편리하게 쓰는 물건, 맛있는 음식에도 우리 조상들의 숨결이 담겨 있으니까요. 지금 우리가 사는 이 시간이 먼 훗날 역사가 되듯이 말이에요. 앞으로 오백 년쯤 지난 뒤, 여러분만 한 어린이가 이렇게 말할지도 몰라요.
　"오백 년 전 우리 조상들은 땅속을 달리는 지하철을 타고 가고 싶은 곳을 편리하게 다녔대. 그런데 지하철역 이름은 왜 이런 이름이었을까?"

　자, 그럼 부산 지하철역 이름에 담긴 역사를 찾아 함께 떠나 볼까요? 출발!

1호선

노포 — 범어사 — 남산 — 두실 — 구서 — 장전 — 부산대 — 온천장 — 명륜

다대포해수욕장 — 다대포항 — 낫개 — 신장림 — 장림 — 동매 — 신평 — 하단 — 당리

부산 지하철 1호선은 부산에 처음 생긴 지하철이에요. 부산시의 동북쪽과 남서쪽을 연결해요. 1985년 7월에 노포역에서 범내골역 사이가 처음 개통되었어요. 그 뒤 계속 연장돼 2017년에 다대포해수욕장역까지 이어졌어요. 지금은 마흔 개 역을 달리고 있어요. 자, 그럼 부산 지하철 1호선 역사 여행을 출발할까요?

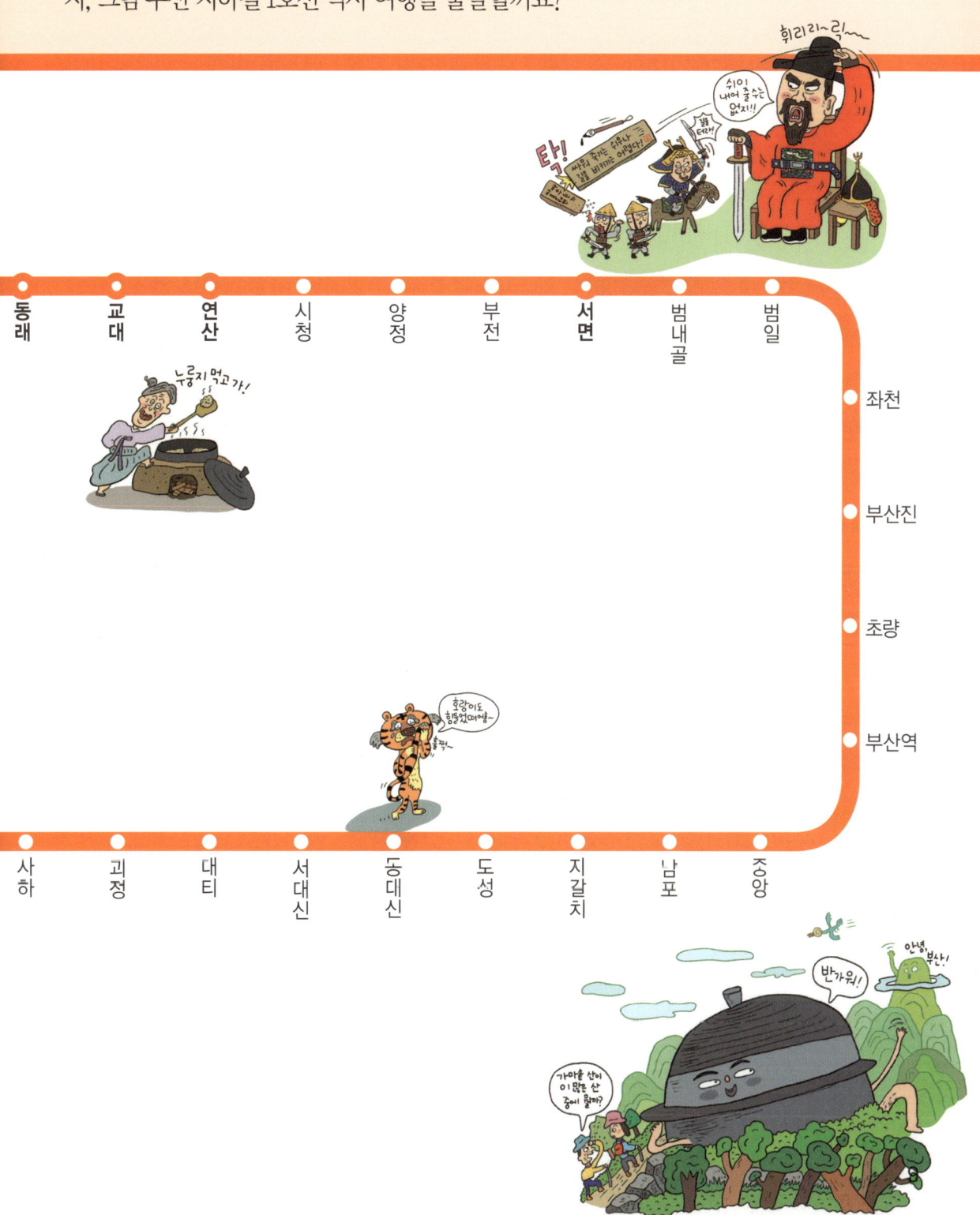

노포역 돌낫으로도 농사 잘 짓는 농사일 선수

부산 지하철 역사 여행의 첫 출발은 1호선 노포역에서 시작합니다.
노포동에 있는 역이라 '노포'역이에요.
노포역은 부산 지하철 1호선의 시작점, 혹은 종착점이기도 하지요.

그럼 '노포'의 뜻은 무엇일까요? '노(老)'는 나이가 많다, 오래되었다는 말이에요. '포(圃)'는 밭이라는 말이고요. 그러니까 '노포'는 오래된 밭이란 뜻이에요.
또 농사를 잘 짓는 농부, 농사일에 경험이 많은 농부를 뜻하기도 해요. 농사를 잘 짓는 농부가 농사를 지었으니, 그곳에서는 농사가 아주 잘되었겠지요. 그래서인지 '노포'는 농사가 잘되는 마을이라는 뜻도 담고 있어요.

그렇다면 궁금해지지요. 농사를 잘 짓는 농부는 언제부터 노포에서 농사를 잘 짓고 살았을까요? 그 답은 노포동에 있는 노포 고분군이 말해 줘요.

고분군이란 오래된(고) 무덤(분)이 여럿(군) 있는 곳이에요. 노포동 고분군에서 발견된 유물들을 살펴보니 청동기 시대, 삼한 시대, 삼국 시대의 사람들이 쓰던 물건들이었어요. 그러니까 이곳에 청동기 시대부터 우리 조상들이 살았다는 것을 알 수 있지요. 부산의 다른 지역에서는 구석기, 신석기 유물도 발견되었어요. 그 이전부터 부산에 사람들이 살았다는 것을 보여 주는 유물이지요.

앗, 첫 역부터 신석기니, 청동기니, 삼한 시대니, 삼국 시대니, 골치가 아파 온다고요? 너무 겁낼 필요 없어요. 그 뜻을 알면 조금은 쉬워질 테니까요.

역사에서 이런 시대 구분은 어떻게 할까요? 우선 문자로 기록이 남아 있는 시대를 '역사 시대'라고 해요. 그전에 문자가 없어서 기록이 없는 시대를 '선사 시대'라고 해요. '먼저 선(先)' 자를 '역사 사(史)'에 붙여 '선사'라고 해요. 역사 시대보다 먼저 시대란 뜻이지요.

또 다른 구분도 있어요. 인간이 어떤 도구를 썼는가에 따라서 구분하는 방법이에요. 인간은 아주아주 오래전부터 도구를 쓰고 살았어요. 우리의 아주 먼 옛날 조상이 처음 사용한 도구는 돌이에요. 이때를 '석기 시대'라고 해요. '돌 석(石)' 자에 그릇이나 도구를 뜻하는 '기(器)' 자를 써서 '석기 시대'라고 해요. 석기 시대는 다시 둘로 나뉘어요. 구석기 시대와 신석기 시대예요. 석기 시대 가운데 더 먼 옛날을 '옛 구(舊)' 자를 붙여 '구석기 시대', 그다음 시기를 '새로울 신(新)' 자를 붙여 '신석기 시대'라고 해요.

구석기 시대에는 큰 돌을 깨거나 '떼어 내' 도구를 만들었어요. 그래서 구석기를 '뗀석기'라고도 해요. 주먹에 쥐고 쓴 것으로 보이는 '주먹 도끼', 동물의 가죽을 벗기거나 뭔가를 긁는 데 쓴 것으로 보이는 '긁개', 동물의 뼈나 거친 나무를 다듬는 데 쓴 것으로 보이는 '찍개', 자루에 달아 창처럼 무기로 썼을 '슴베찌르개' 들이 있어요. 구석기 사람들은 동물을 사냥하거나 열매를 따고, 뿌리를 캐어 먹고 살았어요. 그러니 먹을 것을 찾아 이곳저곳으로 돌아다니며 살았다고 보아요.

신석기 시대 사람들은 조금 더 발전했어요. 돌을 원하는 모양으로 '갈아서' 좀 더 편리한 돌 도구를 만들었어요. 그래서 '간석기'라고 해요. '돌도끼', '돌 화살촉', 곡식의 껍질을 벗기거나 열매를 가는 데 쓰는 '갈판'과 '갈돌' 들이 있어요.

　신석기 사람들은 옷을 만들어 입었어요. 어떻게 아느냐고요? 실을 만드는 데 쓰는 '가락바퀴', 동물의 뼈로 만든 '뼈바늘'이 신석기 유적에서 발견되어 알 수 있어요.

　신석기 사람들도 사냥을 하고 채집도 했지만, 점점 농사를 지을 수 있게 되었어요. 그래서 한곳에 머물며 농사를 지었지요. 키워서 수확한 곡식을 담아 두거나 음식을 만들기 위해서 그릇도 만들었어요. 그것이 바로 '빗살무늬 토기'예요. 그릇 겉을 마치 빗으로 긁은 듯 무늬를 넣어서 '빗살무늬 토기'예요. 신석기 사람들은 그릇에 모양도 내는 멋쟁이들이었을까요? 그 답은 다른 역에서 살펴봐요.

돌을 쓰던 석기 시대에서 인간의 도구는 더 발전해요. 금속의 한 종류인 청동을 녹여서 원하는 도구를 만들었어요. 이때를 '청동기 시대'라고 해요. 청동으로 무기, 장신구, 제사용 도구를 만들었어요. '청동 거울', '청동 방울' 들은 하늘에 드리는 제사를 올릴 때 썼어요. 무기로는 비파라는 악기를 닮은 '비파형 동검', 가늘게 모양을 낸 '세형동검' 같은 칼도 만들었어요. 그런데 청동은 구하기 쉽지 않은 귀한 것이라, 생활하는 데 필요한 도구들은 여전히 돌이나 나무로 만들었어요. 곡식을 자를 때는 '반달 돌칼', '돌낫' 들을 썼어요.

그러다가 철을 녹여서 원하는 도구를 만들 수 있는 기술을 알게 되었어요. 이때를 바로 '철기 시대'라고 해요. 무기는 물론이고, 이제는 농사를 짓는 도구인 농기구도 튼튼한 철로 만들어 썼어요.

우리 조상들은 더욱 지혜로워지고 먹고사는 일이 안정되자, 서로 지켜야 할 질서를 만들고 나라를 만들었어요. 그렇게 여러 작은 나라가 있던 '삼한 시대'를 지나고 '삼국 시대'로 이어져요. 그러니까 그 뒤로도 이곳에서 우리 조상들이 계속 살았다는 것을 알 수 있어요.

노포역에서 아주 먼 시간까지 날아가 조상들이 어떻게 살았는지 살펴봤어요. 그 옛날 노포동에 살았던 사람들은 청동기를 쓰고 살았지만, 긴 시간이 지난 지금 우리는 지하철이라는 교통수단을 타고 다니지요. 그 시대의 사람들은 꿈에도 상상하지 못했을 편리한 교통수단을 말이에요.

자, 정확하고 편리하고 엄청 큰 도구, 지하철을 타고 다음 역으로 출발!

1호선 범어사역 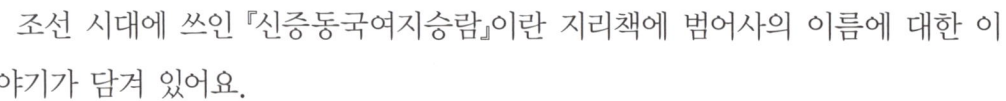 금빛 우물을 헤엄치는 신비한 물고기

이번에 정차한 역은 범어사역이에요. '범어사'라는 절 이름이 역 이름이 되었어요. 범어사는 금정산에 있어요.

북쪽에는 발해, 남쪽에는 통일 신라가 있던 남북국 시대에 통일 신라의 의상 스님이 범어사를 세웠어요.

조선 시대에 쓰인 『신증동국여지승람』이란 지리책에 범어사의 이름에 대한 이야기가 담겨 있어요.

"산마루에 있는 높은 돌 위에 우물이 있다. 물이 항상 가득 차 있어 가뭄에도 마르지 않고, 황금빛이다. 세상에 전하는 말로는, 금빛 물고기 한 마리가 오색구름을 타고 하늘에서 내려와 그 우물에서 놀았다 하여 '금정산(金井山)'이라 이름 지었다. 이 산에 절을 짓고 '범어사(梵魚寺)'라 불렀다."

산 이름에 '우물 정(井)' 자를, 절 이름에 '물고기 어(魚)' 자를 넣은 이유를 알겠지요.

범어사의 역사를 기록한 책에는 이런 이야기도 있어요.

신라 흥덕왕은 왜(일본)가 침략하려고 하자 걱정이 가득했어요. 어느 날 꿈을 꾸었는데, 신이 나타나서 말했어요.

"동국 해변에 있는 금정산 꼭대기에 높이가 오십여 척 되는 바위가 솟아 있다. 그 바위 위에 우물이 있는데, 항상 금색이며, 사시사철 언제나 물이 가득 차 마르지 않는다. 그 우물에는 범천으로부터 오색구름을 타고 온 금어들이 헤엄치며 놀고 있다. 의상에게 부탁해 함께 금정산 아래로 가서 칠 일 동안 기도하면 왜병이 자연히 물러갈 것이다."

왕이 그대로 했더니 왜의 배들이 서로 공격하여 병사들이 모두 죽었대요. 이에 흥덕왕이 기뻐하며 범어사를 세웠다고 해요.

그러나 역사적으로 보면, 흥덕왕이 신라를 다스리던 시절은 의상 스님이 돌아가신 뒤예요. 범어사는 의상 스님이 그 전에 세웠고, 흥덕왕 때 더 크게 키웠을 거라고 보는 게 맞다고 해요. 어쨌든 범어사는 왜구로부터 신라를 지키는 절로, 부처님의 힘으로 나라를 지키는 '호국 사찰'이었다고 봐요.

그럼 의상이 누구인데, 왕한테 의상에게 부탁까지 하라고 신이 알려 주었을까요? 의상은 불교의 한 종파인 화엄종을 우리나라에 연 스님이에요. 그가 길러 낸 제자가 삼천 명이 넘어요. 의상이 세운 열 개의 화엄종 절을 '화엄 십찰'이라고 하는데, 부석사, 화엄사, 해인사, 갑사, 범어사 등으로 지금도 유명해요.

의상 스님 하면 원효 스님도 떠올라요. 의상과 원효는 불교를 좀 더 깊이 공부하려고 당(옛 중국)으로 떠났어요. 그런데 요동에서 첩자로 오해를 받았어요. 두 스님은 고구려군에게 잡혀서 가던 길을 멈추고 다시 신라로 돌아와야 했어요.

십여 년 뒤, 의상과 원효는 다시 당으로 가서 공부하기로 했어요. 여기서 바로 그 유명한 원효의 해골물 이야기가 등장해요.

두 스님이 길을 가다 밤이 깊어 한 동굴에서 잠이 들었어요. 원효는 한밤중에 목이 말라 우연히 옆에 있던 물을 시원하게 마셨어요. 그런데 아침에 일어나서 보니, 자신이 마신 물이 해골에 고인 물이었어요. 밤에는 그렇게 시원했던 물이 눈을 뜨고 보니 구역질이 나오는 물이었지요.

원효는 같은 물도 마음에 따라서 시원한 물도 되고, 세상에서 가장 고약한 물이 되기도 한다는 걸 깨달았어요. 그 경험에서 '온 세상의 일은 모두 마음에서 일어난다.'라는 깨달음을 얻었어요.

깨달음을 얻은 원효는 유학이 필요 없다 여기고 신라로 돌아갔어요. 의상은 원효와 헤어져 혼자서 당으로 갔고요.

가는 길은 달라졌지만, 두 스님 모두 불교의 큰 인물이 되었어요. 원효는 신라로 돌아와 더 많은 사람들이 불교를 쉽게 접할 수 있도록 노력했어요.

의상은 당에서 불교 공부를 더 많이 하고 신라로 돌아왔어요. 우리나라에 화엄종을 열었고, 범어사도 세웠고요. 그래서 두 스님을 큰 스님이라는 뜻으로 원효 대사, 의상 대사라고 높여 부르지요.

자, 이야기를 품고 있는 범어사역을 뒤로하고 다음 역으로 출발!

1호선 구서역 친척끼리 정답게, 화목하게 살아요

이번에 정차한 역은 구서역이에요. 구서동에 있어서 '구서'역이에요.
그럼 '구서'는 어디에서 나온 이름일까요? 두 가지 이야기가 전해져요.

첫 번째 이야기는 굿을 잘하는 동네라는 뜻으로, '굿판, 굿터'에서 붙여진 이름이라고 해요. 이 동네 위에 '번우암'이라는 바위가 있는데, 이 바위 위에서 비가 오기를 빌면 하늘이 들어주어 붙여진 이름이래요. 번우암 가운데 글자 '우'가 바로 비를 뜻하는 '우(雨)' 자예요. 이 바위는 기우제를 지내던 바위라고 기우소 바위라고도 해요. 여기에서 굿을 자주 벌였다고 전해져요.

우리 조상들은 대부분의 백성들이 농사를 지었어요. 농사는 비가 오느냐 아니냐에 따라서 거두어들이는 수확이 달라져요. 그래서 때맞춰 알맞은 비가 내리기를 하늘에 빌었어요. 바로 기우제예요.

전해지는 두 번째 이야기는 '구세동거'라는 어려운 한자 말에서 나왔어요. '구(九)'는 아홉, '세(世)'는 세대, '동(同)'은 같이, '거(居)'는 산다는 뜻으로, 아홉 세대가 함께 산다는 뜻이에요. 중국 당나라 때 어떤 사람의 집에 아홉 세대가 함께 화목하게 살았다고 해서 나온 말이에요. 조선 시대에 이곳을 '구세리'라고 했어요. '구세동거'처럼 화목하게 사는 동네라서 붙여진 이름이라고 해요.

'구세동거'의 뜻은 알겠는데, '세대'는 무슨 뜻인지 궁금해지죠? 좀 더 자세히 살펴봐요.

옛날에는 한집에 많은 친척이 함께 살았어요. 그럼 '친척'이란 무엇일까요? 가까운 조상이 같거나 결혼으로 맺어진 사람들을 말해요. 보통 나와 고조할아버지가 같으면 친척이라고 해요. 내 아버지의 아버지가 할아버지, 아버지의 아버지의 아버지가 증조할아버지, 아버지의 아버지의 아버지의 아버지가 바로 고조할아버지예요. 촌수로 따지면 보통 8촌까지를 친척이라고 하지요.

앗, '촌수'는 또 뭐냐고요? '촌'은 우리말로 하면 마디라는 뜻이에요. 친척 사이의 멀고 가까움을 나타내는 말이 '촌'이에요.

나와 엄마 아빠는 1촌이에요. 형제자매는 2촌이에요. 나와 부모님이 1촌이고, 형제자매 입장에서도 부모님이 1촌이니 1+1 해서 2촌이에요. 이렇게 마디를 더해 가면 먼 친척인지 가까운 친척인지 알 수 있어요. 촌수가 커질수록 먼 친척이지요.

그래도 어렵다고요? 삼촌을 떠올려 보세요. 아빠의 형제나 엄마의 남자 형제를 우린 '삼촌', '외삼촌'이라고 불러요. 그 아들딸을 '사촌'이라고 하지요. 이렇게 부르는 말에 촌수가 담겨 있어요.

친척을 촌수로 부르지 않는 말도 있어요. '이모, 고모, 숙부, 당숙' 등이 그래요. 우리말에는 친척을 부르는 호칭이 참 많아요.

다시 세대로 돌아와서, 친척 사이에서 세대는 위아래 순서예요. '세대'라는 말은 여러 가지 뜻이 있지만, 친척 사이에서 쓸 때는 누가 윗사람이고 아랫사람인지를 구분하기 위한 말이에요.

나를 중심으로 아버지는 1대, 할아버지는 2대, 증조할아버지는 3대, 고조할아버지가 4대 조상이에요. 고조할아버지를 중심으로 보면, 나는 4대 자손이 되고요. 나와 형제자매는 같은 세대예요. 아버지와 삼촌이 같은 세대이고요.

이렇게 세대를 구분하는 이유는, 옛날에는 한집에 많은 세대가 함께 살고, 같은 마을에도 친척들이 함께 살았기 때문이에요. 함께 살면서 아랫사람이 윗사람을 어른으로 모시고 예의를 다하기 위해서 필요했어요.

자, 구서역의 이름이 되었던 '구세동거'란 아홉 세대가 함께 산다는 말이라고 했지요. 한 세대에도 친척이 많으니 아홉 세대면 엄청나게 많은 사람이 함께 살았다는 뜻이기도 하겠지요. 그 많은 사람이 함께 살면서도 화목했다고 하니 모두 예의를 잘 지켰나 봐요. 구세리에 살았던 우리 조상들도 집안이 매우 화목했다는 뜻이고요.

그럼 구세리의 화목했던 우리 조상들을 본받아 우리 가족도 정답게, 화목하게 지내기로 하면서 다음 역으로 출발!

온천장역 백학의 다리도 낫게 한 따뜻한 물

1호선

   이번에 정차한 역은 온천장역이에요. 온천동에 있어요. 가까이에 동래 온천이 있어서 붙여진 이름이에요.

   '온천'이란 따뜻하다는 뜻의 '온(溫)', 냇물을 뜻하는 '천(川)'으로, 따뜻한 물이라는 뜻이에요. 이름의 뜻대로 이곳에서는 따뜻한 물이 나오지요. 온천은 땅속 물을 땅의 열기가 데워서 따뜻해진 물이에요. 사람이 일부러 데운 물이 아니라 자연이 저절로 데운 물이지요. 신기하지요?

   동래 온천에는 신기한 이야기도 전해져요.

   옛날에 이 마을에 다리가 불편한 할머니가 살고 있었어요. 할머니는 다리를 고치려고 온갖 방법을 썼지만 소용이 없어 실망했어요.

   어느 날 불편한 다리로 절뚝절뚝 걷고 있는데, 저쪽에 흰 학 한 마리가 눈에 들어왔어요. 그 학도 한쪽 다리가 아픈지 절룩거렸어요. '저 학도 나처럼 다리가 불편하구나.' 하고 할머니는 가엽게 생각했어요. 그런데 학이 한 곳에 다리를 푹 담갔어요. 그러고는 걸어 나와 날아가는데 앗, 다리가 멀쩡한 거예요.

   할머니는 그곳에서 무슨 일이 일어났는지 궁금해 다가갔어요. 학이 앉아 있던 곳에 샘물이 있었어요. 할머니도 학처럼 그곳에 아픈 다리를 담가 보았어요. 그랬더니 신기하게도 아픈 다리가 싹 다 나았다고 해요.

   그 물이 어떤 물이었을까요? 네, 바로 온천이었어요. 이 이야기는 동래 온천에 전해 내려오는 흰(白, 백) 학의 전설, '백학 전설'이에요. 그만큼 동래 온천의 치료 효과가 뛰어나서 전해지는 이야기겠지요.

우리나라의 오래된 역사책 가운데 하나인『삼국유사』에서 동래 온천을 우리나라에서 가장 오래된 온천이라고 했어요. 신라 시대에 충원공이라는 재상이 동래 온천에서 목욕을 했다는 기록이 있어요. 또한 아픈 사람들이 목욕을 하면 곧 나아서, 신라 때부터 왕들이 여러 차례 이곳 동래 온천에 와서 목욕을 했다고 전해져요.

　조선 시대에 만들어진 책『신증동국여지승람』에도 동래 온천이 나와요. '병을 지닌 사람이 목욕만 하면 곧 낫는다. 신라 때에 왕이 여러 번 여기 오고는 하여 돌을 쌓고 네 모퉁이에 기둥을 세웠는데, 그 기둥 구멍이 아직도 남아 있다.'고 기록했어요.
　여러 기록으로 보아, 동래 온천은 신라 때부터 이용했다는 것을 알 수 있어요.

자, 그럼 여기서 신라는 어떤 나라인지 한번 알아볼까요?

한반도에 세 나라가 있던 때가 있었지요. 네, 바로 삼국 시대예요. 그 세 나라 가운데 하나가 바로 신라예요. 다른 나라는 고구려, 백제이고요. 신라는 기원전 57년부터 기원후 935년까지 992년, 거의 천 년 동안이나 이어진 나라예요.

신라가 생겨난 이야기도 전해지죠? 네, 바로 박혁거세의 탄생 신화예요.

여섯 마을의 우두머리들이 왕을 세우기 위해 모였어요. 그때 멀리 남쪽을 바라보니 신기한 일이 벌어졌어요. 나정이라는 우물가에 번개처럼 희한한 기운이

드는 흰말이 엎드려 절을 하고 있었어요. 여섯 우두머리가 그곳을 찾아가 살폈더니 자줏빛 알이 있었어요. 말은 사람들을 보고 길게 울더니 하늘로 날아 올라갔어요.

말이 날아가자 알을 깨고 사내아이가 나왔어요. 모두 놀라고 신비롭게 여겨 사내아이를 샘물에 목욕을 시켰더니 온몸에서 빛이 났어요. 이때 새와 짐승 들이 춤을 추고, 하늘과 땅이 흔들리며 해와 달이 맑아졌다고 해요.
이 아이 이름을 빛이 났다고 해 '혁거세'라 하고, 박 같은 알에서 나왔다고 해서 '박'씨를 붙였어요. 여섯 마을의 우두머리들은 박혁거세를 받들어 왕을 만들었어요. 그가 신라의 첫 번째 왕이에요.

신라는 계속 발전하여 남쪽에 있던 가야를 정복했어요. 지금의 부산 지역도 신라의 땅이 되었어요. 신라는 고구려, 백제와 경쟁하면서 힘을 더욱 키워 갔어요. 7세기에 이르러서는 당을 끌어들여 백제와 고구려를 항복시키고, 삼국을 통일했어요.

큰 나라, 앞선 나라 고구려와 백제를 통일했던 신라는 천 년 가까이 되면서 위기가 찾아왔어요. 왕의 자리를 놓고 서로 다투고, 지방 곳곳에 호족 세력들이 나타나면서 한반도가 후고구려, 후백제, 신라, 이렇게 세 나라로 다시 나뉘었어요. 그러다 고려가 생겨나고 힘이 강해지자, 신라는 고려에 항복했고, 천 년 왕국 신라는 막을 내렸어요.

동래 온천은 천 년 왕국 신라의 왕들을 잇게 해 주었어요. 그 동래 온천은 지금도 아프고 지친 사람들을 따뜻하게 맞이해 주고 있어요.

자, 신비한 이야기가 깃든 온천장역을 뒤로하고 다음 역으로 출발!

1호선

명륜역 우리는 교실에서, 옛 사람은 명륜당에서

이번에 정차한 역은 명륜역이에요.

'명륜'이란 무슨 뜻일까요? '명(明)'은 밝힌다는 뜻이고, '륜(倫)'은 사람으로서 마땅히 지켜야 할 도리, 인륜을 말해요. 그러니까 인간 사회의 윤리를 밝힌다는 말이지요.

조선 시대에는 유학을 중요하게 생각했어요. 유학이라고 하니까, 조선 시대 사람들은 왜 외국에 나가서 공부하는 것을 중요하게 여긴 걸까 하고 생각했나요? 아니, 아니에요. 유학은 중국의 공자라는 학자가 처음 만든 학문이에요. 성균관과 향교에서는 이 유학을 가르쳤어요. 그리고 성균관, 향교의 학생인 유생들이 공부하던 교실의 이름이 '명륜당'이에요.

그럼 왜 이 역 이름이 '명륜역'이 되었을까요? 바로 가까이에 동래 향교가 있었어요. 향교가 있는 마을이라고 해서 이곳을 '교리', '교동'이라고 했다가, 지금

은 '명륜동'이라고 불러요. 성균관이 있는 서울의 동네 이름도 '명륜동'이에요.

그렇다면 '향교'는 또 뭘까요? 왠지 학교와 글자가 비슷하지요? 네, 맞아요. 향교란 옛날 학교예요.
'향(鄕)'은 마을이나 지방을 뜻해요. '교(校)'는 학교를 뜻하고요. 그러니까 이름 그대로 지방에 세운 학교이지요. 고려 시대 때부터 나라에서 향교를 세웠고, 조선 시대에 이르러서는 전국에 향교를 두었어요. 나라를 이끄는 인재를 길러 내기 위해서였어요. 딱 지금의 학교와 같지요.

향교가 학교와 다른 점은 있어요. 향교에는 대성전이라는 중요한 건물이 있어요. 이곳은 제사를 지내는 곳이에요. 아니, 학교에 제사를 지내는 곳이 있다니, 이상한가요? 그 이유가 있었어요.
대성전에서는 유학을 처음 만든 공자와 훌륭한 유학자들의 이름을 적은 위패를 모셔 두고 제사를 지냈어요. 유학에 이바지한 사람들을 기리고, 유학의 뜻을 널리 알리기 위해서였어요. 또한 유학을 공부하는 유생들에게 훌륭한 사람들을 받들고 본받게 하려는 뜻도 있었다고 해요.

조선 시대에는 이렇게 지방에는 향교가 있었고, 지금의 서울, 한양에는 성균관이 있었어요. 향교가 지금의 중고등학교라고 하면, 성균관은 대학과 비슷한 학교였어요.
그렇다면 그전 시대에는 학교가 없었을까요? 아니요. 시대마다 인재를 길러 내는 학교가 있었어요.

삼국 시대, 고구려에는 태학과 경당이 있었어요. 태학은 우리나라 최초의 교육 기관이에요. 귀족의 아들들이 다녔으며 유학과 문학, 무예까지 배웠어요. 경당에서는 청소년들이 유학 경전을 읽고 활쏘기를 배웠어요. 무예와 무술을 높이, 소중히 여겼던 고구려답게 학교에서도 무예를 배웠지요.

백제에는 어떤 학교가 있었는지 아직 기록이 발견되지 않았어요. 그러나 일찍부터 '박사'라는 제도가 있었어요. 박사 왕인이 일본에 천자문과 논어를 전했다고 할 정도로 학문이 발달했어요. 유학에 뛰어난 오경박사, 지금의 의사와 같은 의박사, 자연의 이치에 뛰어난 역박사 들이 있었어요.

신라에는 우리가 잘 아는 화랑도가 있었지요. 그러다가 삼국을 통일한 뒤에는 국학이라는 학교를 세웠어요.

그다음 고려에는 국자감이라는 학교가 있었어요. 이 국자감이 고려 후기에 성균관이 되었고, 성균관은 조선으로 이어졌어요. 지방에는 향교를 두었고요. 조선 시대에는 나라가 아니라 개인이 세운 서원도 생겼어요.
역시 우리나라는 먼 옛날부터 학교를 세우고 열심히 공부하는 나라였지요.

여기서 덧붙이는 이야기 하나. 우리 조상들의 학교인 성균관이나 향교, 서원마다 꼭 이 나무가 있어요. 바로 은행나무예요. 은행나무는 올곧은 모습을 상징해 '선비 나무'라고 불렸어요.
전하는 이야기에 의하면, 유학을 세운 공자가 제자들과 공부한 살구나무 아래를 '행단'이라고 했어요. 이 행단의 '행(杏)' 자는 뜻이 살구나무이기도 하고 은행나무이기도 했는데, 우리나라는 은행나무로 받아들였다고 해요. 행단은 학문하는 곳을 이르는 말이 되었고, 그래서 향교나 성균관에도 은행나무가 있어요.

자, 먼 옛날 글 읽는 소리가 많이 들렸을 명륜역을 지나 다음 역으로 출발!

1호선

동래역 먼 옛날 신라 때부터 이곳의 이름은 '동래'

이번에 정차한 역은 동래역이에요. 동래역은 동래구 온천동에 있어요. '동래' 역은 이 '동래구'에서 따온 이름이에요.

먼 옛날 이곳은 가야의 작은 나라 가운데 하나였다고 전해져요. 그 이름은 '거칠산국'이었어요. 거칠다는 뜻을 쓴 거칠산국을 신라가 차지했어요. 그러면서 '거칠산군'으로 불렀지요. 신라 경덕왕 때 이름을 한자로 바꾸면서 거칠다는 뜻이 들어 있는 '래(萊)' 자를 넣어 '동래'가 되었어요. 그러니까 '동래'는 동쪽의 거친 산을 뜻해요.

동쪽 바다에 솟은 봉래산의 이름인 '봉래'가 '동래'가 되었다고도 해요.
또 다른 풀이로는 삼한 시대에 부산 지역에 독로국이 있었는데, 이 말이 '동래'가 되었다는 거예요. '독로'가 '동네'가 되고, 다시 '동래'가 되었다고 해요. 혹은 동쪽 동해의 안쪽 산을 뜻하는 말로, '안 내(內)' 자를 써 내산을 간단하게 부르던 말인 '동내'가 '동래'가 되었다고도 전해져요.

풀이가 어떠하든 통일 신라 때부터 이곳을 '동래'라고 불렀어요. 이곳에 있던 성도 '동래 읍성'이었고요. 동래 읍성은 고려 말, 왜구의 침략을 막기 위해 세운 성이에요. 적이 침입하기 어려운 산 모양을 이용해 쌓은 산성이에요.

동래 읍성은 임진왜란 때 격렬한 싸움이 벌어진 곳이에요. 1592년 4월, 왜(일본)는 바다를 건너 동래성으로 밀어닥쳤어요. 왜군은 "싸울 테면 싸우고, 싸우고 싶지 않으면 길을 비켜라."라는 푯말을 세워 겁을 주며 협박했어요. 이를 본 동래 부사 송상현은 "싸워 죽기는 쉬우나 길을 비키기는 어렵다."라는 푯말을 세워 끝까지 싸울 뜻을 밝혔어요.

적군은 성을 포위하고 공격을 시작했어요. 송상현도 이에 맞서 군사를 이끌었으나, 왜군에 비해서 동래성 군사들의 수가 한참 적었어요. 결국 성이 함락당했어요. 그러자 송상현은 죽을 줄 뻔히 알면서도, 신하가 조정에 나갈 때 입는 관복을 입고 단정히 앉아, 적군의 공격을 받고 죽음을 맞이했어요. 죽음조차 두려워하지 않은 송상현의 충성심에 왜군도 감동했대요. 비록 적군이었지만 송상현을 땅에 묻어 주었다고 해요.

백오십여 년 뒤, 송상현이 죽음을 맞이했던 자리에 '송공단'이라는 단을 만들고, 송상현을 비롯해 임진왜란 때 순절한 분들을 위한 제사를 올렸어요. '순절'이란 굳은 충성심으로 맞이한 죽음을 말해요.

그 뒤 임진왜란 때 부산진에서 순절한 분들은 정공단에, 다대포에서 순절한 분들은 윤공단에 모시게 되었어요.

자, 끝까지 동래를 지키려 했던 조상들의 충성심을 가슴에 새기며 다음 역으로 출발!

역수역의 정보 플러스

고구려, 백제, 신라, 삼국이 있기 전에 이 땅에는 작은 나라들이 있었어요. 그 나라 가운데 한 나라에서 부산이 시작되었다고 전해져요.

부산은 동래에서, 동래는 거칠산국에서

옛날에 부산은 동래부였다. '동래'라는 이름은 신라 경덕왕 때 정해졌다.
그 전에는 '거칠산군'이었다. '거칠산군' 전은 '거칠산국'이다.
거칠산국은 정확히 알 수 없는 미지의 나라다.
삼한에 속한 작은 나라라고도 하고, 가야에 속한 나라였다고도 한다.
조선 시대에는 동래부 아래 부산이 속해 있었다. '부산포, 부산진'에 그 이름이 있었다.
그 뒤 일제 강점기 때 부산부가 되고, 동래는 부산부 아래 속하게 되었다.
해방이 된 뒤, 부산부는 부산시가 되었다.
그 뒤, 1963년에 부산직할시, 1995년에 부산광역시가 되었다.

거칠산국이 있던 시대의 **한반도는?**

거칠산국은 삼한에 속한 작은 나라였다고도 한다.
삼한은 삼국 시대 이전에 한반도 남쪽에 있던 나라들이다.
여러 작은 나라가 모여 연맹한 마한, 진한, 변한, 세 나라였다.
지금의 경기, 충청, 전라도 지방에 쉰네 개의 작은 나라가 모인 마한이,
경상북도 지방에는 열두 개의 작은 나라가 모인 진한이,
경상남도 지방에는 열두 개의 작은 나라 연맹인 변한이 있었다.
거칠산국은 변한의 한 나라였다고 짐작한다.
이 시기에 한반도 위쪽에는 옥저, 동예가 있었고, 고구려가 있었다.

삼국 시대에 삼국과 함께 있던 **가야**

거칠산국은 가야의 작은 나라라고도 한다.
가야는 지금의 경상남도와 경상북도 일부의 작은 나라들이 연합한 나라였다.
이때 한반도에는 고구려, 백제, 신라가 있었다.
고구려는 옥저와 동예를 흡수했다.
백제는 마한을 정복했다.
신라는 진한을 흡수했다. 진한은 가야가 된 곳도 있다.
고구려, 백제, 신라는 중앙 집권의 고대 국가가 되었다.
가야는 중앙 집권 국가로 나아가지 못하고 멸망했다.
중앙 집권 국가란 나라의 힘이 왕으로 모인 나라다.
중앙 집권을 위해 불교를 받아들이고, 법률인 율령을 반포하고,
왕의 아들에게 왕의 자리를 물려주는 왕권 세습을 했다.
이렇게 강해진 나라의 힘으로 영토를 넓히기 위해 정복에 나섰다.

양정역 버드나무 마을에서는 말에서 내리시오

　이번에 정차한 역은 양정역이에요. 양정동에 있어서 '양정'역이지요.
　옛 기록에 보면 이곳을 '양지골'이라고 불렀는데, 밝은 빛을 뜻하는 '빛 양(陽)' 자를 썼다고 해요. 황령산 능선 아래쪽 골짜기, 햇빛이 많이 드는 땅이라는 뜻으로요. 그러다가 한자가 버드나무를 뜻하는 '양(楊)' 자로 바뀌었는데, 이곳에 버드나무가 많아서 붙여졌다고 해요.

　양정역이 있는 양정동에 전해지는 이야기가 있어요. 하마비 이야기예요. 하마비란 '아래 하(下), 말 마(馬), 비석 비(碑)' 자를 써요. 그러니까 '말에서 내리라'는 뜻을 새긴 비석을 말해요. 이 비석이 있는 곳을 지날 때는 신분이나 계급이 높고 낮은 것을 가리지 않고 말에서 내리라는 뜻이에요.

　이곳에 하마비를 세운 이야기가 전해져요.
　고려 때 한 관리가 동래 지역으로 왔어요. 이 관리는 풍수지리에 밝은 사람이었어요. 풍수지리란 어느 곳이 복이 있고, 어디가 나쁜 곳인지를 살펴보는 일이에요.
　이 관리가 이곳에 있는 화지산을 볼 때마다, "아, 다시 없게 참 좋은 명당이기는 한데……." 하며 뒷말을 잇지 않았어요.
　이 관리는 얼마 있다가 벼슬이 더 높아져 수도 개경으로 갔어요.

　그 뒤, 동래에서 이 관리를 모시던 정문도라는 사람이 죽자, 정씨의 아들은 예전 관리가 했던 말이 떠올라 아버지를 화지산에 묻기로 했어요. 화지산에 가니, 범이 앉아서 눈이 녹은 이상한 자리가 있어 그곳에 아버지를 묻었어요.

그런데 다음 날 아버지 무덤에 가 보니, 누군가 무덤을 파헤쳐서 아버지 관이 드러나 있었어요. 아들은 아버지 관을 다시 잘 모시고 숨어서 지켜봤어요. 아니, 이런! 한밤중이 되자, 도깨비들이 나타나는 게 아니겠어요.

"여기가 어디라고 이 좋은 자리에 감히 이따위 후진 관을 묻은 거야. 적어도 금으로 된 관을 묻어야지."

도깨비들은 다시 무덤을 마구 파헤치고는 휘리릭 가 버렸어요.

아들은 어찌할 바를 몰라 걱정스럽게 앉아 있었어요. 그때 머리가 새하얀 노인이 나타나 이런 말을 남기고 쓱 사라졌어요.

"눈이 나쁜 도깨비 눈에는 보릿짚이 금빛으로 보이지. 그러니 보릿짚으로 나무 관을 싸면 다시는 무덤을 파헤치지 않을 것이오."

날이 새자, 아들은 노인의 말대로 보릿짚으로 관을 싸서 잘 묻었어요. 그러고는 지켜보고 있었더니 밤중에 다시 도깨비들이 나타났어요.

"오, 이건 금관이야. 이제 됐어."

도깨비들은 이렇게 말하고는 사라졌어요. 그 뒤로 다시는 무덤이 파헤쳐지는 일이 없었어요.

35

그해 여름 대단한 천둥번개가 치더니, 화지산에서 바라보이는 황령산의 괴시암 바위가 산산조각 나 부서지는 일이 있었어요.

어느 날 정씨의 아들은 개경으로 간 그 관리에게 인사를 하러 찾아갔어요. 아들은 관리에게 아버지를 화지산에 묻었다고 말했어요. 그러자 관리가 깜짝 놀라며 아들을 내쫓으려고 했어요. 아들은 급히 도깨비 이야기며, 괴시암 바위가 깨진 이야기까지 다 했어요. 그제야 관리는 안심한 표정을 지었어요.

"화지산의 그 자리는 괴시암 때문에 역적이 나올 자리였는데, 그것이 깨졌으니 자네 가문은 이제 별문제 없이 번창하겠네."

관리는 정씨의 아들이 벼슬에 나갈 수 있게 도와주고, 자기 딸하고 결혼도 시켰어요.

이 관리의 말이 정말 맞았는지, 정씨의 아들은 높은 벼슬까지 올라가고, 자손들도 좋은 벼슬을 하여 정씨 가문이 대대로 잘되었어요.

다시 하마비 이야기로 돌아와요. 정문도의 무덤을 잘 지켜 낸 덕분에 가문이 잘되었지요. 그러니 그의 무덤 앞을 지날 때는 말에서도 내려 존경의 마음을 표하라고 무덤이 있는 화지산 입구에 하마비를 세웠다고 해요.

세월이 한참 흘러 임진왜란 때였어요. 하마비 앞을 지나던 왜장(일본 장수)이 갑자기 말이 크게 움직여 말에서 떨어졌어요. 다시 말을 타려고 해도 말이 발버둥을 쳤어요. 사람들이 이곳에서는 누구든지 말에서 내려야 한다고 설명했어요. 그 말을 듣고 왜장도 말에서 내려 걸어갔다고 해요.

믿기 어려운 재미있는 옛날이야기지요? 원래 하마비는 임금이 사는 궁궐, 임금의 무덤, 종묘, 성균관 같은 곳 앞에 세웠어요, 말에서 내려 예의를 표하라고 세운 비석이에요. 여기서 생겨난 말이 있어요. 바로 '하마평'이란 말이에요.

　옛날에 말을 타던 사람이라면 대부분 높은 사람이었어요. 이들의 말을 이끌고 가는 마부들도 있었고요. 높은 사람들이 말에서 내려 일을 보러 가면, 마부들은 하마비 앞에 말을 세워 놓고 모여 있었어요. 상전을 기다리는 시간이 지루한 마부들끼리 이런저런 잡담을 나누었겠지요. 이때 자신의 상전이 어떤 벼슬로 옮겨 간다든지, 더 높은 벼슬을 할 거라든지 하는 말도 오갔어요. 이런 말들을 하마비 주변에서 나온 말이라고 해서 '하마평'이라고 했어요.

　지금은 마부도 없어지고 궁궐 앞 하마비도 없어졌지만, 하마평이라는 말은 같은 뜻으로 쓰여요. 관직에 올라갈 후보에 대해 세상에 떠도는 소문이나 사람들이 평가하는 말을 '하마평'이라고 해요.

　자, 우리는 말에서 내릴 일 없이 쭉 달리는 지하철을 타고 다음 역으로 출발!

범내골역 범 나오던 골짜기보다 전쟁은 더 무서워

이번에 정차한 역은 범내골역이에요.

옛날 이 마을은 가까이 있는 산이 험하고 나무가 우거져, 호랑이가 자주 나타났다고 해요. 골짜기 중간으로 냇물이 흘렀는데, 그 냇가에도 호랑이가 자주 나타났다고 전해져요. 이 냇물을 '호천', '범내'라고 했어요. 호랑이를 '범'이라고 부르니까요. 범이 자주 나타나는 냇물, 범내 아래 있는 마을이라서 '범내골'이라 불렀다고 해요.

이 마을은 한국 전쟁 때, 전쟁을 피해 남쪽으로 내려온 피난민들이 허술하게 지은 판잣집이 산허리까지 들어찼던 곳이에요. 6.25 전쟁이라고도 하는 한국 전쟁은 모든 사람들에게 상처를 준 우리의 슬픈 역사지요.

1950년 6월 25일 새벽, 북한 공산군이 남한과 경계였던 북위 38도선을 넘어 남한으로 갑자기 쳐들어왔어요. 우리 국군은 북한군의 공격에 맞섰지만, 단 삼 일 만에 북한군에게 서울을 빼앗겼어요.

전쟁이 일어나자, 국제 연합(유엔)은 여러 나라 군인들이 참여한 연합군을 대한민국으로 보냈어요. 열여섯 나라가 참전했어요. 국군과 국제 연합군은 인천 상륙 작전으로 서울을 되찾았어요. 그 기세를 몰아 38도선을 넘어 북쪽으로 나아갔고 압록강까지 몰아쳤어요.

국군과 국제 연합군이 한반도를 거의 회복해 가자, 중국 공산당의 군대 '중공군'이 북한을 도우러 왔어요. 국군과 국제 연합군은 중공군의 엄청난 수에 밀리면서 후퇴할 수밖에 없었어요. 또다시 서울을 빼앗기게 되었어요.
1951년 1월 4일에 서울을 다시 빼앗겼다고 해서 1·4후퇴라고 해요.

국군과 연합군은 다시 기운을 내고 힘을 모아 공격하기 시작했어요. 국군과 연합군은 북위 38도쯤에서 북한군과 치열한 전투를 벌였어요.
1951년, 남과 북은 휴전을 의논하기 시작했어요. 1953년 7월에야 휴전선을 정하는 휴전 협정을 맺었고, 전쟁은 멈추었어요.

전쟁은 멈췄지만, 나라를 지키기 위해 최전선 전쟁터에 나섰던 수많은 우리 군인들이 목숨을 잃었어요. 우리나라를 돕기 위해 온 다른 나라의 군인들도 많은 수가 전쟁터에서 죽음을 맞이했어요.
한국 전쟁은 우리나라의 모든 것을 파괴했어요. 집도, 학교도, 일터도 사라지고 길도, 다리도, 공장도 다 부서져 버리고, 모두 가난과 굶주림에 시달려야 했어요.

한국 전쟁이 시작되자, 온 나라가 전쟁터가 되었어요. 많은 사람들은 살던 곳을 떠나서 전쟁을 피해 피난을 떠났어요. 이런 사람들을 '피난민'이라고 해요. 피난민들은 전쟁에 쫓겨서 준비도 못 하고 허겁지겁 피난을 갔어요. 그러다 보니 가는 길에 가족과 헤어지기도 하고, 다치기도 하고, 심지어 죽기도 했어요.

북한군이 북쪽에서 공격해 내려오니, 피난민들은 남쪽으로 피난을 갔어요. 피난민들은 낙동강 남쪽까지 몰렸어요. 부산으로 엄청난 사람들이 피난을 왔어요. 모든 것이 부족하고 없었어요. 학교도 없으니 천막을 치고 공부를 했어요.

피난민들은 당장 집도 없었겠지요. 그래서 사람이 살기 힘든 곳인지 아닌지 가릴 여유도 없었어요. 어디라도 집을 마련해야 했지요. 심지어 무덤 옆이라도, 공동묘지라고 해도 자리를 잡아야 했어요.

부산의 비석 마을은 이렇게 해서 생겨났어요. 무덤의 비석들을 이용해 집을 짓기도 했거든요. 그 흔적들이 남아 있어 '비석' 마을이라고 불리게 되었지요. 한편, 소를 두던 소막에 살기도 했어요. 그 마을이 '소막' 마을이에요. 부산에는 이렇게 피난민 마을이 많았어요.

게다가 집을 지을 재료가 어디 있었겠어요. 미군이 버린 상자나 전쟁이 난 우리나라를 돕기 위해 다른 나라에서 보내 준 물건을 쌌던 나무 박스를 주워 쓰기도 했어요. 버려진 나무판자로 비바람과 추위를 막는 집을 지어야 했지요. 이렇게 나무판자로 허술하게 지은 집을 '판잣집'이라고 해요.

이때 범내골에도 수많은 판잣집이 생겨났던 거예요. '범내골'이라는 이름이 말해 주듯이, 호랑이가 많이 나왔을 정도로 험한 산이라고 해도 가릴 형편이 아니었으니까요. 물론 호랑이가 우리나라 산에 더 이상 없었다고 해도 말이에요.

자, 우리의 슬픈 역사를 기억하는 범내골을 지나 다음 역으로 출발!

1호선

범일역 해신이시여, 조선의 통신사를 지켜 주소서

 이번에 정차한 역은 범일역이에요. 범일동에 있어 '범일'역이에요. '범일'이란 이름도 범내골과 마찬가지로 호랑이가 나오는 범내 가까이 있어 붙여졌어요.

 이곳에서는 살펴보고 가야 할 중요한 곳이 있어요. 바로 '영가대'라는 곳이에요. 영가대는 조선 시대에 통신사가 일본에 외교 사절로 떠나기 전, 바다의 신에게 해신제를 지내던 곳이에요. 영가대는 조선 광해군 때 세워졌는데, 일제 강점기 때 사라졌어요. 지금은 옛 영가대 터에 '영가대 기념비'를 세우고, 원래 자리는 아니지만 바다가 보이는 곳에 영가대를 다시 세웠어요.

그럼 '통신사'가 무엇이기에 해신에게 제사를 올렸을까요? 설마 통신사라고 하니 핸드폰이나 인터넷을 관리하는 회사를 떠올렸나요? 아니, 아니에요. 조선 시대에는 핸드폰도 없고 인터넷도 없었어요.

통신사란 조선 시대에 왕의 명을 받들어 일본에 보낸 외교 사절이에요. 외교 사절이란 나라를 대표해서 나랏일을 위해 외국에 가는 사람을 말해요.

조선이 다른 나라와 교류하는 기준은 '사대교린' 정책이었어요. 크고 강한 나라였던 명(옛 중국)은 섬기고(사대), 다른 이웃 나라들과는 동등한 위치에서 평화롭게 사귄다(교린)는 원칙이었어요. 조선은 일본과 대등한 관계를 맺고 서로 간에 외교 사절을 보냈어요. 조선에서 가는 사절은 '통신사'라 하고, 일본에서 오는 외교 사절은 '일본 국왕사'라 했어요.

'통신'은 서로 통하다는 '통(通)', 믿음이라는 '신(信)'으로, 나라 사이에 믿음으로 통하는 사절이라는 말이에요. 통신사는 나랏일을 대표할 뿐 아니라 학문, 기술, 예술을 교류하는 통로이기도 했어요. 조선 말 고종 때에는 '수신사'라고 이름을 바꿨으나 믿을 '신' 자는 그대로 썼지요.

통신사는 이곳 영가대에서 해신에게 제사를 지냈다고 했지요. 비행기가 없던 옛날에는 통신사가 일본으로 가려면 배를 타고 바다를 건너야 했겠지요.

옛날 사람들은 자연에 신이 있다고 믿었어요. 산에는 산신, 바다에는 바다신. 그래서 통신사들이 바다를 무사히 건너 잘 다녀오게 해 달라고 바다의 신인 해신에게 비는 제사를 올렸던 거예요.

영가대는 해신에게 제사를 지내는 곳이기도 했고, 통신사들의 출발점이자 귀국 장소이기도 했어요.

통신사에 관한 역사 이야기를 하나 해 볼게요.

임진왜란이 일어나기 두 해 전, 조선은 일본에 통신사를 보냈어요. 일본의 분위기가 어떤지 살피기 위해서였어요. 황윤길과 김성일이 통신사로 갔어요.

통신사들이 다시 조선으로 돌아오자, 조선의 임금과 신하들은 일본이 전쟁을 일으킬 것 같으냐고 물었겠지요. 그러자 황윤길은 일본이 곧 쳐들어올 것 같다고 했어요. 그런데 김성일은 그럴 염려는 없다고 했어요. 같은 곳을 살펴보고 온 두 사람의 말이 정반대였던 거예요.

조선의 조정은 의논하다, 일본이 쳐들어오지 않을 거라고 결론을 내렸어요. 전쟁 대비도 멈췄지요. 하지만 결국 일본이 쳐들어왔고, 임진왜란이 일어났어요.

잘못된 판단을 한 김성일은 임진왜란이 일어나자 관직에서 쫓겨났어요. 그러나 다시 벼슬을 얻어 경상도로 가게 되었고, 그곳에서 의병을 돕기도 하고 관군들을 격려하기도 하며 충성을 다했어요.

임진왜란이 끝난 뒤, 일본은 다시 교린하자고 여러 차례 조선에 부탁했어요. 이에 조선은 사명 대사를 보내 임진왜란 때 일본으로 끌려간 조선인 포로 삼천오백 명을 데려왔어요. 그 뒤, 조선은 다시 통신사를 보냈어요.

다른 통신사 이야기도 있어요.

조엄이라는 통신사가 일본의 대마도에서 고구마 종자를 가져와 우리나라에 고구마가 들어오게 되었어요. 그는 기행문에서 "고구마는 굽거나 삶아 먹을 뿐 아니라 생으로도 먹을 수 있어 흉년 때 밑천으로 좋을 듯하다."고 했어요.

조엄은 고구마 종자를 가져와 동래에서 재배에 성공했고, 그 뒤로 널리 퍼져 조선 사람들도 고구마를 먹을 수 있게 되었다고 해요.

고구마 종자는 일본에서 가져왔지만, 일본보다 정치, 문화, 기술, 모든 면에서 조선이 앞섰지요. 그래서 조선의 통신사가 일본에 가면 극진한 대우를 받았다고

해요. 일본의 문화 발전에 큰 도움이 되었으니까요.

일본 사람들은 통신사가 오면 통신사의 뛰어난 문장을 받으려고 줄을 섰고, 좋은 그림을 받으려고 몰려들었다고 해요. 또한 그들이 다녀간 뒤에는 일본에 조선의 문화와 풍속이 유행할 정도였다고 해요. 조선 시대 한류의 길라잡이가 바로 통신사였던 거지요.

자, 일본으로 향하는 통신사의 안전을 빌던 영가대를 지나 다음 역으로 출발!

초량역 왜구들은 억새풀 가득한 초원 지대에만

이번에 정차한 역은 초량역이에요. 초량동에 있어 '초량'역이에요.

옛날 이곳은 억새나 풀이 가득한 초원 지대였어요. 그래서 풀이나 초원을 뜻하는 '초(草)' 자가 쓰였어요.

또 다른 이야기도 있어요. 부산포의 땅 모양이 마치 소가 누워 있는 것처럼 보였대요. 그럼 소가 먹을 풀도 있어야겠죠? 그래서 부산포와 이어지는 이곳 이름을 '풀 초(草)' 자를 써 '초량'이라고 이름 붙였다고도 해요.

조선 시대에 초량에는 일본(왜) 사람들이 살던 지역이 있었어요. 조선과 일본 사이에 외교와 무역이 이루어지던 곳으로, 바로 '초량 왜관'이에요.

조선 초기에는 한양에도 왜관이 있었어요. 또 다른 곳에도 있었고요. 일본이 바닷길로 오가니까 바다로 접근할 수 있는 포구에 왜관을 두었어요. 동래 부산포, 지금 창원시의 제포, 울산의 염포, 이렇게 세 곳에 왜관이 있었어요. 세 왜관을 묶어 '삼포 왜관'이라고 했어요. 왜관은 없어졌다 다시 생겼다를 반복하다가 부산의 왜관만 남았어요.

임진왜란을 겪고 한동안 조선과 일본의 관계가 끊어졌어요. 그러다 다시 일본과 관계를 맺기 시작하면서 왜관은 부산에만 다시 생겼어요. 처음에는 육지와 떨어진 절영도에 왜관을 두었어요. 그러다 두모포로 옮겨요. 두모포 왜관은 그 뒤 초량으로 옮겨 왔어요.

왜관에서 사는 왜인들은 아무 데나 돌아다닐 수 없었어요. 통행의 범위가 정해져 있었고, 출입도 엄하게 통제되었어요. 조선 사람과 마음대로 접촉할 수도 없었어요.

그래도 왜관은 조선과 일본의 외교와 무역의 중심 공간이었어요. 두 나라 사이에 문화 교류의 중요한 통로 역할도 했어요.

그렇다면 조선은 왜 일본 사람들이 머물 수 있는 곳을 정해서 열어 주었을까요? 그 이유는 왜구 때문이에요.

왜구란 왜의 해적들을 말해요. 해적이란 바다의 도둑이잖아요. 이들은 조선의 바닷가로 접근해 조선 땅을 약탈했어요. 폭력으로 조선 백성들을 괴롭히고 곡식이나 재물을 빼앗아 갔어요.

특히 고려 말부터는 왜구의 침략이 심해졌어요. 약탈은 수십 년을 이어졌어요. 바닷가의 백성들은 집을 포기하고 산속으로 들어갈 지경에 이르렀어요. 일본과 가깝고 접근하기 좋은 동래, 지금의 부산이 왜구의 피해가 가장 컸어요.

왜구는 고려의 수도 개경을 위협할 정도가 되었어요.

고려는 왜구를 물리치기 위해서 나라 곳곳으로 군사를 보냈어요. 최영, 이성계 장군이 나섰어요. 이성계 장군은 황산에서 왜구를 크게 물리쳤어요. 이를 황산 대첩이라고 해요. 최영 장군은 홍산 대첩에서 왜구를 물리쳤고요. 화약을 만들어 낸 최무선도 진포에서 화포를 쏘아 왜구를 몰아냈어요.

　고려가 멸망하고 이성계는 조선을 세웠어요. 조선은 왜구의 근거지라 할 수 있는 대마도를 공격해 혼내 주었어요. 해안 지역에는 왜구를 막을 수 있도록 군사 시설을 두어 대비했어요.

　또한 왜구들이 먹고살 것이 부족해서 해적이 되어 조선을 괴롭힌다는 것을 알게 되었어요. 군사적으로 강한 힘을 보여 주는 일뿐 아니라, 아예 이들이 먹고살 수 있도록 조선과 무역을 할 수 있는 길을 마련해 주는 방법을 선택했어요.
　딱 정해진 곳에서만 무역을 할 수 있게 해 주면 이들의 움직임을 알 수 있으니 관리도 가능할 테니까요. 그래서 포구 세 곳을 열어 주고 그들을 관리했어요. 그곳이 바로 삼포 왜관이에요.

　왜관에 있는 일본 사람들의 통행을 관리하고, 조선 사람과 가까이할 수 없게 한 이유를 알겠지요. 부산포가 있었던 동래는 조선과 일본 사이의 무역이 활발히 이루어지는 장소가 되었어요.

　자, 채찍과 당근을 현명하게 썼던 곳, 초량 왜관을 지나 다음 역으로 출발!

우리 전하에겐 다 계획이 있으셨구나!

역수역의 정보 플러스

왜구는 먼 옛날부터 우리 조상들의 골칫거리였어요. 가장 가까운 우리 땅은 그들의 표적이었지요. 우리 조상들은 무력으로 혼을 내기도 하고, 살길을 열어 주기도 했어요. 그래도 문제는 끊임없이 일어났어요.

왜구를 누른, 세종의 **대마도 정벌**

고려 말, 조선 초에 왜구들의 침입이 잦았다.
고려 창왕 때, 조선 태조 때 왜구들의 근거지인 대마도를 공격했다.
대마도는 조선과 일본 사이에 있는 섬으로, 한반도와 거리가 가까웠다.
대마도 사람들은 땅이 좁고, 농사가 잘되지 않아 식량을 섬 밖에서 가져와야 했다.
고려 말부터 조공을 바치고 식량을 받아 갔으나,
흉년이 들면 이들은 해적으로 변했다.
조선 세종 때, 이종무가 많은 배와 군사를 이끌고 대마도를 정벌했다.
그 뒤 더 이상 큰 규모의 왜구는 발생하지 않았다.

일본에 열린 세 항구, **삼포 왜관**

그 뒤 일본은 조선이 무역의 길을 다시 열어 주기를 간절히 원했다.
세종은 부산포(부산), 내이포라고도 하는 웅천 제포(창원)를 열어
일본이 조선과 무역을 할 수 있게 했다.
이곳에 사는 일본 사람들이 많아지자 이를 나누기 위해 염포(울산)를 더 열었다.
세 개의 항구를 열어 '삼포'이다.
일본 사람들이 무역을 할 수 있는 정해진 장소를 '왜관'이라고 했다.

삼포의 왜인들이 일으킨 난, 삼포 왜란

조선은 삼포에 한해서만 일본의 무역선이 오갈 수 있도록 허락했다.
무역이 끝나면 곧 돌아가게 했다. 이곳에는 제한된 사람만 잠시 머물 수 있도록 했다.
그러나 일본은 약속을 잘 지키지 않고 삼포에 들어와 살았고, 그 수는 늘어났다.
왜인(일본 사람)들이 점차 법을 어기는 일이 생겨났다.
조선은 엄격하게 통제했다. 왜인들의 불만이 높아졌다.
1510년에 왜인들이 부산포를 공격해 수군을 다스리던 첨사를 죽였다.
제포를 공격해 첨사를 납치하고, 웅천과 동래를 공격했다.
조선 백성들의 집에 불을 지르기도 하고 죽이기도 했다.
삼포에서 왜인들이 난을 일으켜 '삼포 왜란'이라고 한다.
나라에서 군사를 보내 이들을 진압했다.
조선은 삼포 왜란으로 왜관을 폐쇄하고, 왜와 무역을 끊었다.
이 년 뒤, 일본의 간곡한 부탁으로 더 엄격한 제한 아래 제포만 열어 주었다.
제포 왜관을 부산포로 옮기면서 부산 왜관만 다시 열렸다.

1호선

부산역 거칠산군의 가마솥 산은 어디일까?

이번에 정차한 역은 부산역이에요. 서울과 부산을 잇는 경부선의 기차역이 가까이 있어 지하철역 이름도 '부산'역이라고 했어요.

그럼 '부산'이라는 이름에는 어떤 뜻이 담겨 있을까요?

지금은 부산광역시라고 하지요. 광역시란 특별시에 버금가는 행정 구역을 말해요. 부산, 대구, 인천, 광주, 대전, 울산이 광역시예요. 대체로 인구가 백만이 넘는 큰 도시예요.

그전에 부산은 부산직할시로 불렸어요. 일제 강점기 때 부산부로 불리다 해방 뒤에 부산시로 바뀌었어요. 그 뒤, 부산직할시였다가 부산광역시가 되었지요.

조선 시대에 지금의 부산광역시에 해당하는 곳은 동래부였어요. 더 옛날 신라 때는 거칠산군이었는데, 경덕왕 때 동래군으로 바뀌면서 '동래'라는 이름이 붙었지요.

일제 강점기가 되기 전까지는 '동래'였어요. 조선 시대에 '부산'은 동래부 아래에 있는 부산포, 부산면, 부산진 등의 이름에 등장해요.

일제 강점기에 이곳은 부산부가 되고, 동래는 그 아래의 행정 구역이 됐어요.

조선 시대 지리책인 『신증동국여지승람』에 부산은 동평현에 있으며, 산이 가마솥 모양처럼 생겨서 이같이 이름 지었다고 했어요.

'부산' 한자를 살펴보면, 아주 크고 우묵한 솥, 가마솥을 뜻하는 '부(釜)', 산을 뜻하는 '산(山)' 자예요. 그전 기록에는 부유하다, 기운이나 세력이 왕성하다는 뜻의 '부(富)' 자를 쓰기도 했어요. 그 뒤에 '가마솥 부(釜)' 자를 쓰는 부산으로 쭉 기록되었고, 지금도 그렇게 쓰여요.

그럼 '부산'이란 이름을 탄생시킨 가마솥 산은 어디일까요? 안타깝게도 그 산이 어디인지는 아직 정확히 알 수 없어요.

부산은 평평한 땅보다 산이 많고 바다와 바로 닿아 있어요. 그래서 어떤 산이 '부산'이란 이름이 되는 가마솥 산이었는지 여러 가지 의견들이 있어요. 부산 한복판에 있는 황령산, 또는 배산, 증산, 자성대산 등 많은 산이 등장해요. 혹은 산 때문에 생긴 이름이 아니라는 의견도 있어요.

자, 그 산은 어디일까 상상해 보며 다음 역으로 출발!

남포역 일본 신사가 왜 남쪽 물가에 있었을까?

이번에 정차한 역은 남포역이에요. 남포동에 있어서 '남포'역이에요.

'남포'는 남쪽을 뜻하는 '남(南)', 물가를 뜻하는 '포(浦)'로, 남쪽 물가라는 뜻이에요.

원래 이곳은 남쪽 육지와 바다가 맞닿은 해안이었어요. 그런데 일제 강점기 때 바다를 메워 육지를 만들어서 일본식으로 '남빈'이라고 불렀어요. 그러다가 해방이 되고 우리 이름 '남포'로 바꾸었어요.

남포역 가까이에는 용두산이 있어요. 용두산은 원래 소나무가 울창해서 '송현산'이었어요. 그러다가 왜관이 들어서고 나서 '용두산'이라 했어요. 용두산은 산 모양이 마치 '용(龍)'이 '머리(頭, 두)'를 들고 바다를 건너는 듯해서 이름 붙여졌다고 해요.

곧 남포동에 도착할 예정이니 신사를 향해 경례!

조선 시대에 초량 왜관이 생기고 나서 용머리 산에 일본 사람들이 신사를 세웠어요. 신사란 일본 사람들이 믿는 신에게 제사를 지내는 곳이에요. 일제 강점기 때는 신사를 더욱더 크게 키웠어요. 우리나라에 신사가 처음 생긴 곳도 부산이고, 가장 많은 곳도 부산이었어요.

조선 시대에 왜관이 있었을 때, 신사는 조선에 사는 일본 사람들을 위한 것이었어요. 하지만 일본이 우리나라를 강제로 빼앗은 일제 강점기 때는 전국에 신사를 세우고, 우리나라 사람들에게까지 신사에 제사를 올리라고 강요했어요. 이를 '신사 참배'라고 해요.

신사에 가서 절을 올리는 참배는 물론이고, 전차가 남포동에 이르면, "신사를 향해 경례!" 하고 차장이 구호를 외쳤어요. 그러면 전차에 탄 모든 사람들이 용두산 신사를 향해 90도로 고개를 숙여야 했어요.

그뿐만이 아니에요. 일본은 초등학생에게까지 '황국 신민 서사'를 선서하도록 했어요. 황국 신민 서사란 일제가 우리나라 사람들에게 외우게 한 맹세예요. '우리는 대일본 제국의 신하 나라 백성이다. 우리는 일본 천황에게 충성을 다하겠다.'라는 내용이었어요.

이렇게 억지로 신사 참배를 시킨 이유는 우리 민족의 정신을 짓밟아 없애고, 일제에 충실한 백성으로 만들려는 '황국 신민화 정책' 때문이었어요. 자기 나라를 황제의 나라, '황국'이라고 하면서 우리나라 사람들을 신하 백성, '신민'으로 만들려는 정책이었지요. '민족 말살 정책'이라고도 해요. 우리나라의 정체성을 뭉개 없애고, 아예 일본 민족에 합쳐 버리겠다는 정책이에요.

중국과 중일 전쟁을 일으킨 일제는 우리의 민족의식과 저항 정신을 없애 우리나라를 전쟁에 이용하려는 속셈이었어요. 그래서 신사 참배를 시키고, 황국 신민 서사를 외우게 했어요. 또한 일본 왕이 있는 동쪽을 향해 절을 시켰어요.

그뿐만이 아니라 학교에서도 우리말을 못 쓰게 했어요. 실수로 우리말을 써도 혼내고 벌을 주었어요. 조상 대대로 물려받은 성씨도 일본식으로 바꾸라고 했어요. 이를 성씨를 만들어 이름을 바꾼다는 뜻으로 '창씨개명'이라고 해요.

일본 신사는 이렇게 우리 민족을 탄압한 상징과도 같은 곳이었어요. 이에 신사 참배 반대 운동이 일어났어요. 우리 민족의 정신을 굳건히 지키려는 저항 운동이었어요.

　신사 참배를 거부하는 학교도 생겨났는데, 그러면 그 학교 자체를 문 닫게 했어요. 일제는 저항 운동을 하는 사람들을 감옥에 가두었어요. 감옥에서 죽는 사람도 있었어요. 하지만 아무리 일제가 억눌러도 우리 민족은 고유한 정신을 잃지 않았어요.

　드디어 광복이 되었지요. 광복은 나라의 주권을 빼앗겼던 어둠의 시간을 이겨 내고 다시 빛을 찾았다는 뜻이에요. 광복이 되고 용두산의 일본 신사도 사라졌어요. 억지로 가야 했던 신사로 올라가는 길 이름도 '광복로'라고 지었어요. 동네 이름도 광복의 기쁨을 담아 '광복동'이라 했어요. 남포역에서 용두산으로 가려면 광복로를 지나야 하지요.

　자, 빛을 되찾기 위해 애썼던 우리 조상들께 감사드리며 다음 역으로 출발!

토성역 왜구를 막자, 전쟁을 막아 이겨 내자

1호선

이번에 정차한 역은 토성역이에요. 가까이에 토성동이 있어요.
'토성'이란 흙(土, 토)으로 쌓은 성(城)이란 뜻이에요.

초량역에서 일본의 왜구가 얼마나 우리 땅을 괴롭혔는지 살펴봤지요. 토성도 왜구를 막기 위해 쌓은 성이라고 봐요. 가야 혹은 신라 때 쌓은 성이라고 짐작해요. 가장 많은 왜구가 침략했던 때는 고려 말이지만, 그보다 한참 전인 신라, 가야 때부터도 왜구가 우리 땅을 침략했다는 것을 알 수 있어요. 지금은 토성의 흔적을 거의 찾을 수 없어요.

흙으로 성을 쌓는다는 것이 가능할까 의심이 들지만, 우리 조상들은 흙을 다지고 다져 단단하게 만들어 성을 쌓았어요. 토성역의 토성은 반달 모양이었을 거라고 짐작해요.

토성역에 내렸으니 우리 역사의 현장을 가 볼까요?
살펴볼 곳은 동아대학교 박물관이에요. 이곳은 한국 전쟁 때 대한민국의 정부 청사로 쓰였던 곳이에요. 부산 임시 수도 정부 청사라고 해요.

갑작스럽게 전쟁이 일어나고 단 삼 일 만에 대한민국 수도인 서울을 빼앗겼어요. 그러니 대한민국에 수도가 사라졌던 거예요.
나랏일을 봐야 하는 정부도 남쪽으로 갔어요. 정부는 부산을 임시 수도로 정하고 일할 장소를 마련했어요. 잠시 동안만 쓴다는 뜻으로 '임시', 정부의 일을 보는 건물이란 뜻의 '청사'라고 해요.

이 건물은 일제 강점기 때 진주에 있던 경남도청을 부산으로 옮기기 위해 지어진 건물이에요. 이 경남도청 건물을 대한민국 임시 정부 청사로 썼어요.

서울로 다시 돌아가기 전 1950년부터 1953년까지 약 삼 년 동안 두 번이나 임시 정부 청사였어요. 1950년에 1차 임시 수도 정부 청사로 사용했어요. 그 뒤 1951년 1·4후퇴로 다시 서울을 빼앗겼을 때, 정부는 또 한 번 부산으로 와 이곳을 임시 수도 정부 청사로 썼어요.

전쟁이 끝나고 나서야 경남도청은 다시 제자리를 찾았어요. 경남도청이 삼십여 년 동안 이 자리에 있다가, 1980년대에 창원으로 가면서 다른 관청이 사용했어요. 지금은 박물관이 되었어요.

자, 먼 옛날 왜구를 막기 위해 성을 쌓았던 곳, 전쟁을 피해 임시 정부 청사가 가까이 있었던 토성동의 역사를 생각하며 다음 역으로 출발!

동대신역 — 새 동네로 번쩍번쩍 쇠 당나귀 달려요

이번에 정차한 역은 동대신역이에요. 동대신동에 있어서 붙여진 이름이에요.

옛날 이곳의 이름은 '닥밭골'이었어요. 닥나무가 많이 나는 동네라는 뜻이었지요. 그러다가 일제 강점기 때 일본 사람들이 이곳으로 몰려들어 새롭게 큰 동네가 되었어요. 그 이름도 '한새벌'이라고 불렀어요. '한새벌'의 '한'은 크다는 뜻이고, '새'는 새롭다는 뜻, '벌'은 넓은 땅을 말하는 우리말이에요. 이를 한자로 바꿔 '한'은 '클 대(大)', '새'는 '새로울 신(新)', '벌'은 '마을 동(洞)'이 되었어요. 새로운 큰 동네이지요. 대신동은 다시 동대신동과 서대신동으로 나뉘었어요.

옛날에 동대신에는 전차 종점이 있었어요. 전차는 전기를 이용해 움직이는 교통수단이에요. 지하철도 전기를 이용해 가는데 전차와 무엇이 다를까요? 지하철은 땅속으로 다니고, 간혹 땅 밖으로도 가지요. 전차는 땅 위로만 다녔어요.

우리나라에는 1898년, 서울에 처음 전차가 달렸어요. 조선이 이름을 바꾼 대한 제국 때였어요. 그때의 황제 고종은 아내 명성 황후가 묻힌 홍릉을 자주 찾아갔어요. 임금이 행차하니 얼마나 많은 사람들이 따라갔겠어요. 그때마다 많은 가마들이 움직였어요. 비용도 많이 들었겠지요.

조선에 철도를 놓기 위해 와 있던 미국 회사가 고종에게 돈도 절약할 수 있으니 편리한 근대 문명을 빠르게 받아들이라고 권했어요. 고종은 전차를 놓는 일을 허락했어요.

이렇게 해서 전차는 1898년에 서울 서대문에서 청량리까지 1단계가 완성되었어요. 이듬해 전차 개통식이 열렸는데, 많은 사람들이 저절로 가는 커다란 기계가 신기해 환호했어요.

그러나 슬픈 일도 있었어요. 전차가 달리고 일주일 뒤, 다섯 살짜리 아이가 전차에 치여 죽는 사건이 있었어요. 이에 화가 난 사람들이 전차를 불태웠어요.

다른 일들도 많았지만, 전차가 편리해 이용하는 사람이 금방 늘어났어요.

일제 강점기 때 부산과 평양에도 전차가 등장했어요. 부산의 전차는 1915년에 부산진에서 초량, 온천장까지 처음 달렸어요. 전차가 달릴 때 공중에 있는 전기 케이블이 방전되어 불빛이 번쩍거리자, 부산 사람들은 전차를 이렇게 불렀대요. '쇠막대기로 전기를 잡아먹고 그 힘으로 달리는 괴물', '번갯불을 잡아먹고 달리는 괴물', '쇠 당나귀'라고요.

부산 사람들도 전차의 편리함에 젖어 들었어요. 여러 개의 노선이 부산을 달리기 시작했지요. 그렇게 오십여 년 동안 부산을 활기차게 달리던 전차는 1968년 5월 19일, 마지막 운행을 하고 사라졌어요.

자동차가 많아지면서 버스가 더 중요한 교통수단으로 등장했어요. 그러다 보니 길 한가운데 레일을 따라 달리는 전차가 오히려 방해가 됐기 때문이에요.

지금은 전차보다 훨씬 편리한 지하철이 부산을 신나게 달리고 있지요.

자, 백여 년 전 한새벌로 달리던 전차를 그려 보며 다음 역으로 출발!

괴정역 회화나무 아래 성난 백성들이 모이다

이번에 정차한 역은 괴정역이에요. 괴정동에 있어요.
괴이한 이름을 한 정거장이라서 '괴정'일까요? 그런 뜻은 아니에요.

옛날 이곳은 살기 좋은 자연환경을 가진 마을이었어요. 조선 시대에는 나라에서 쓸 말을 기르는 목장도 있었어요. 그래서 '목장리', '말골', '말 마(馬)' 자를 붙여 '마하곡'이라고 불리기도 했어요.

그런데 이곳을 다스리던 다대 첨사가 백성들을 사납게 대하고 악하게 괴롭혔어요. 동래 부사도 가렴주구가 심했어요. '가렴주구'란 세금을 가혹하게 거둬들이고 백성들의 재물을 빼앗아 간다는 뜻이에요. 그러니 마을 사람들이 살기가 무척 힘들었겠지요.

마을 사람들은 팔정자 나무 아래 모여 벼슬아치들의 잘못을 따지고 목소리 높여 항의했어요. 그러다가 마을 사람들이 죽임을 당했어요.

이들이 모인 팔정자 나무가 회화나무, 한자로 '괴목(槐木)'이에요. 이 회화나무에서 '괴정'이라는 이름이 생겨났어요.

원래 괴정동은 살기 좋은 곳이었다고 했지요? 그래서인지 괴정 마을에는 아주아주 먼 옛날부터 사람이 살았던 흔적이 있어요. 그것이 바로 괴정동에서 발견된 패총이에요. 괴정천 상류 길가에 있는 괴목 주변이에요.

'패총'은 무엇일까요? '조개 패(貝), 무덤 총(塚)'의 한자말로, 우리말로는 '조개무덤', '조개더미', '조개무지'라고 해요. 선사 시대 사람들이 조개를 잡아먹고 나서 버린 조개껍데기가 쌓여 무더기를 이룬 곳을 말해요.

조개더미에는 주로 조개껍데기가 있지만, 다양한 음식물 쓰레기를 비롯하여 더 이상 쓸모없어진 부서진 석기, 토기 같은 생활에 쓰였던 것들도 있어요. 그래서 패총은 그 시대의 사람들이 어떻게 살았는지 알게 해 주는 생활 유적이에요. 유적이란 역사적 자취가 남아 있는 건축물, 고분, 패총 등을 말해요.

우리나라의 패총은 신석기 때의 조개더미가 가장 많아요. 또한 서해안과 남해안 지역에 많이 있어요. 동해안은 밀물과 썰물의 차이가 작아 조개를 잡기가 쉽지 않았기 때문이 아닌가 생각해요. 서해안, 남해안은 조수간만의 차이가 크고, 갯벌이 발달하여 조개가 많았고 채집하기에도 쉬웠기 때문이라고 여겨요.

괴정동 패총은 청동기 시대부터 삼국 시대까지의 유석이에요. 어떻게 이렇게 긴 시간 동안의 유적들이 한곳에 있을까요? 패총은 시간별로 생활 쓰레기가 켜켜이 쌓여 있기 때문이에요.

그런데 안타깝게도 괴정동 패총을 지금은 찾을 수 없어요. 도시화가 이루어지

면서 괴정동 패총 주변에 집들이 빽빽하게 들어서 그 흔적을 못 찾게 되었어요. 다만 이곳에서 나온 유물들은 박물관에 있어요.

이렇게 기록이 남아 있지 않는 시대, 선사 시대는 패총과 같은 유적을 통해서 우리 조상들이 어떻게 살았는지 알 수 있어요.

그 뒤로 문자가 생겨나고 기록을 하면서, 남겨진 기록을 통해 우린 조상들의 삶을 알 수 있게 되었어요. 이렇게 기록이 있는 시기를 '역사 시대'라고 하지요.

우리나라의 역사 시대 기록으로 남아 있는 가장 오래된 책은 고려 때 김부식이 쓴 『삼국사기』와 일연이 쓴 『삼국유사』예요. 그전 고구려나 신라, 백제 때도 역사책을 썼다는 기록은 있지만, 아쉽게도 지금껏 남아 있는 것이 없어요.

『삼국사기』는 고구려, 신라, 백제에 관한 역사책이에요. 김부식이 삼국의 왕에 관한, 또 삼국의 뛰어난 인물들에 관한 이야기들을 시대 순서대로 썼어요.

『삼국유사』는 일연이 단군 신화부터 고조선, 삼국의 역사와 이야기들을 담았어요. '유사'란 옛날부터 전해 내려오는 일이란 뜻으로, 『삼국유사』에는 신화와 설화, 전해지는 이야기들이 많이 실려 있어요.

고려에 관한 기록은 조선 시대에 쓴 『고려사』, 『고려사절요』들이 있어요.

조선은 기록의 나라였어요. 왕의 하루하루를 빠짐없이 모두 역사로 기록했지요. 바로 『조선왕조실록』이에요. 조선의 첫 번째 왕 태조부터 제25대 철종 때까지 472년 동안의 역사를 기록했어요.

그날그날의 일을 기록하는 사관이란 관직을 두었어요. '사관'이란 '역사 사(史), 벼슬 관(官)' 자를 써, 역사를 기록하는 벼슬이었어요.

세계 어떤 왕조도 『조선왕조실록』만큼 자세하고 많은 기록을 남기지 못했어요. 『조선왕조실록』은 유네스코 세계 기록 유산이기도 해요.

우리 조상들은 패총으로, 유물과 유적으로, 또한 많은 글로 그들이 살았던 시간들을 우리에게 알려 줘요. 멀고 먼 훗날 우리의 후손들도 이런 기록들을 통해서 우리의 삶을 알게 되겠지요?

자, 회화나무와 패총이 전해 주는 역사를 지나 다음 역으로 출발!

다대포항역   큰 항구를 지키지 못한 형제의 죽음

이번에 정차한 역은 다대포항역이에요. 가까이에 다대포항이 있어서 붙여진 이름이에요.

'다대포'란 이름은 큰 포구가 많은 바다라는 데서 붙여졌다고 해요. 한자에 그 뜻이 그대로 담겨 있어요. 많다는 뜻의 '다(多)', 크다는 뜻의 '대(大)', 배가 드나드는 어귀라는 뜻의 '포(浦)', 배가 안전하게 드나들 수 있게 만든 부두라는 뜻의 '항(港)'이에요.

이곳은 옛날부터 왜구가 자주 나타났던 곳이에요. 그래서 조선 세종 때는 수군절도사 아래 벼슬인 수군만호가 있는 수군만호영을 두었고, 성종 때는 다대진성을 쌓았어요.

임진왜란 때는 다대포 첨사였던 윤흥신과 그 동생 윤흥제가 왜군과 싸우다 전사한 곳이기도 해요.

윤흥신이 다대포 첨사로 온 지 얼마 되지 않아 왜군이 쳐들어왔어요. 왜군은 부산진성을 함락시키고 그다음 날 다대진성을 공격했어요. 윤흥신은 동생과 함께 조선군과 백성들을 격려하며 싸웠으나 왜군에 밀려 패배했어요. 형제는 이곳에서 죽음을 맞이했지요.

윤흥신의 충성심을 기리기 위해 다대동에는 윤흥신에게 제사를 올리는 '윤공단'이 있어요. 이곳에는 '윤흥신 순절비'도 있어요.

윤흥신이 왜군을 막으려 얼마나 애쓰고 싸웠는지는 여러 기록에 남았어요. 『선조실록』에는 "윤흥신은 왜적에 항거하여 싸우다 죽었다."고 했고, 유성룡은 『징비록』에 "다대진 첨사 윤흥신은 힘써 싸우다가 죽임을 당했다."고 기록했어요. 『조망록』이란 책에서는 "왜적이 성을 포위하자 힘껏 싸운 끝에 이를 물리쳤다. 이튿날 많은 수의 왜적이 쳐들어오자 군졸은 모두 도망쳤고, 윤흥신은 홀로 남아 온종일 활을 쏘다가 성이 함락되자 죽었다."고 전했어요.

『선조실록』은 『조선왕조실록』 가운데 조선 제14대 왕인 선조의 실록이에요.

그럼 『징비록』은 무엇일까요? 『징비록』은 임진왜란 때 영의정이었던 유성룡이 전쟁이 끝나고 벼슬에서 물러난 뒤, 임진왜란을 기록한 책이에요.

'징비'는 『시경』이란 옛 책에 나온 말로, "미리 징계하여 후환을 경계한다."란 구절에서 따온 말이에요. 그 뜻은 『징비록』을 시작하면서 쓴 유성룡의 글에서 알 수 있어요.

"매번 지난 난중(亂中, 전쟁 중)의 일을 생각하면 황송스러움과 부끄러움에 몸 둘 곳을 알지 못해 왔다. 그래서 한가로운 가운데 듣고 본 바를 서술했다."

전쟁이 끝난 뒤, 유성룡은 전쟁을 잊지 않고 뒷날에는 이런 일이 일어나지 않도록 경계하는 뜻에서 임진왜란 칠 년을 기록했어요.

책에는 전쟁 전 일본과 조선의 관계부터, 전쟁이 일어나고 어떻게 진행되었는지를 담았어요. 임진왜란 때 영의정으로서 전쟁을 직접 겪은 유성룡의 기록은 임진왜란을 아는 데 아주 중요한 기록이에요. 우리의 국보이기도 해요.

우리에게 임진왜란을 알려 주는 소중한 기록이 또 있어요. 바로 이순신 장군의 『난중일기』이지요. '난(亂, 난리, 전쟁), 중(中, 가운데)'. 그러니까 전쟁이 벌어진 가운데 쓴 일기예요.

이순신 장군이 일기에 손으로 직접 쓴 글씨가 아직도 남아 있어요. 아산 현충사에 보관되어 있어요. 『난중일기』는 우리나라 보물 중의 보물, '국보'예요. 유네스코 세계 기록 유산에도 등재되었어요.

목숨이 오가는 전쟁 중에도 쓴 일기에는 군 안에서의 생활, 전투 뒤에 느낀 것들, 수군 통제에 관해서 아무도 모르게 혼자 생각한 계획, 일상생활까지 실려 있어요. 그 밖에도 가족이나 부하 누가 오고 갔는지, 부하들에게 어떤 상과 벌을 내렸는지, 전쟁은 어찌 돌아가는지, 이에 대해 임금에게 쓸 보고서의 내용들도 담겨 있어요.

이렇게 자세하고 꼼꼼한 기록인 『난중일기』는 임진왜란에 관한 정말 소중한 기록이지요. 우리 땅을 지켜 주신 것만도 하늘만큼 땅만큼 감사한 이순신 장군은 일기를 통해서도 수많은 교훈을 주셨어요.

자, 이순신 장군께 다시 한번 감사를 올리며 부산 지하철 1호선 역사 여행은 여기까지입니다. 다음은 2호선으로 갈아탑니다!

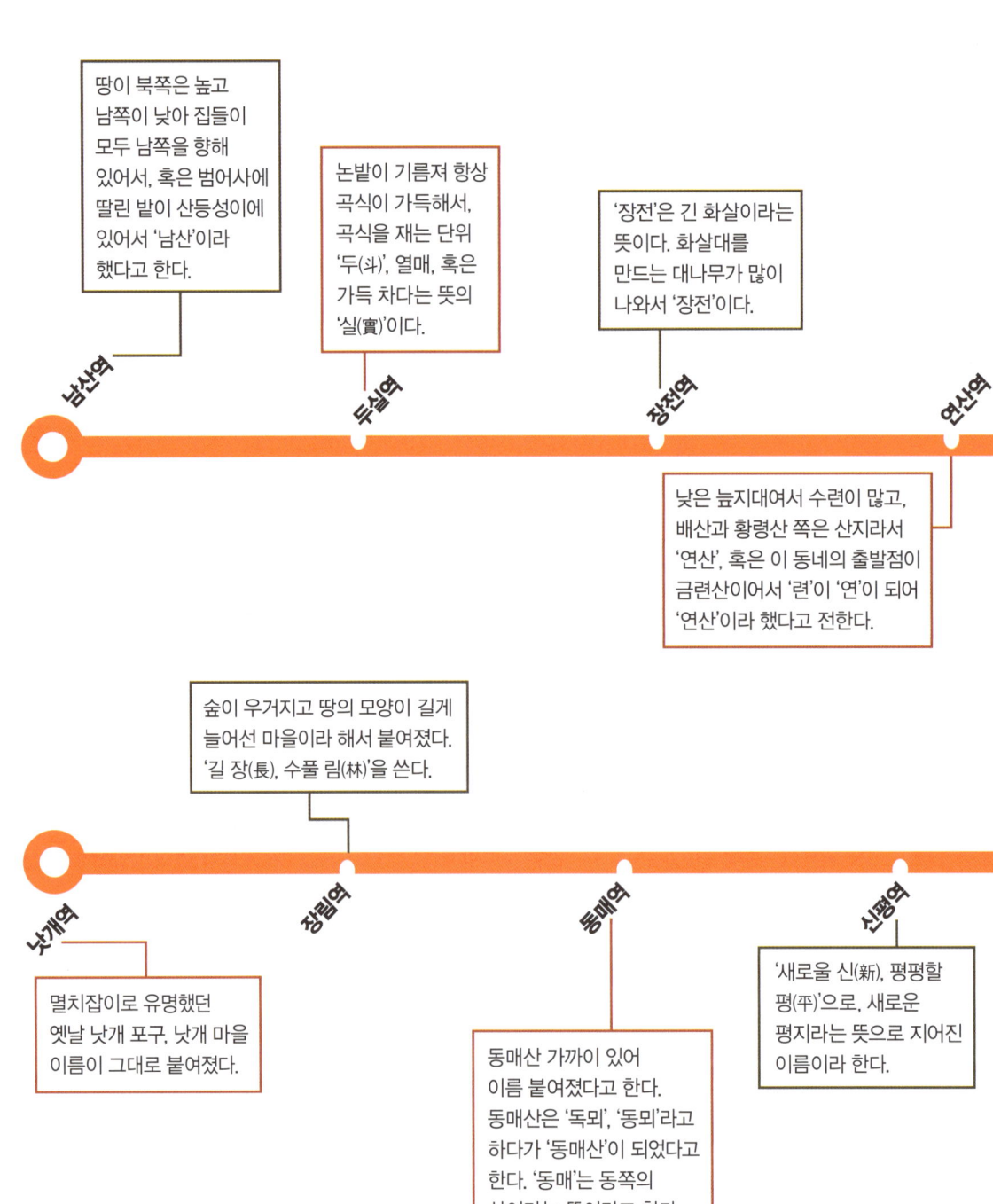

부전역: 고개에 있는 바위가 마치 가마솥(釜, 부)을 거꾸로 엎어 놓은 듯해서 붙여졌다고 한다.

서면역: 부산의 옛 행정 구역인 동래의 일곱 개 면 가운데 하나였다. 동래읍성의 서쪽에 자리했다. 조선 후기의 면 이름이 그대로 전해졌다.

좌천역: '좌천'은 '좌자천'을 줄여 부른 말이다. '좌자천'은 이곳이 바다 입구라서 태풍의 피해가 '잦아', 혹은 물이 깊지 않고 '잦은' 물이라서 붙여졌다고 한다.

부산진역: 임진왜란 때 부산포 해안에 쌓은 성, 부산진성에서 붙여진 이름이다.

자갈치역: 옛날에 이곳은 주먹만 한 자갈이 이어진 해안이었다. '치'는 언저리, 언덕배기라는 뜻으로, '자갈 언저리' 혹은 그 자갈밭을 '자갈처'라고 부른 데서 붙여졌다.

대티역: 큰 언덕이라는 '한티 고개'에서 크다는 '대(大)'를 써 '대티'가 되었다.

하단역: 사천면을 상단과 하단으로 나누어서 불린 이름이다. 구덕산을 '용호몰리(용호 머리)', 강을 향해 뻗은 곳이 '아래몰리(아랫머리)', 아래몰리의 끝이 '아래치'로 불렸다고도 전해진다. 이 말이 한자로 '아래 하(下), 끝 단(端)'으로 쓰였다고 한다.

당리역: 이곳에는 '제석골'이라 불리는 계곡이 있었다. 이 계곡에 제사를 드리는 단을 쌓고 기우제를 올려서 붙여진 이름이다. 또 제석골에는 신을 모시는 사당이 있어 당 마을, '당리'가 되었다고 한다.

사하역: 옛날 동래군 사천면을 상단과 하단으로 나눴다. 사천면의 '사'와 하단의 '하'를 따서 '사하'라고 했다.

2호선

양산 — 남양산 — 부산대양산캠퍼스 — 증산 — 호포 — 금곡 — 동원 — 율리 — 화명

장산 — 중동 — 해운대 — 동백 — 벡스코 — 센텀시티 — 민락 — **수영** — 광안 — 금련산

부산 지하철 2호선은 경상남도 양산시에서 남쪽 부산시로 이어지다 사상역에서 동서 방향으로 연결돼요. 1999년, 양산시 호포역에서 부산시 서면역까지 처음 개통되었어요. 지금은 마흔세 개의 역을 지나고 있어요.
자, 그럼 부산 지하철 2호선 역사 여행 출발합니다.

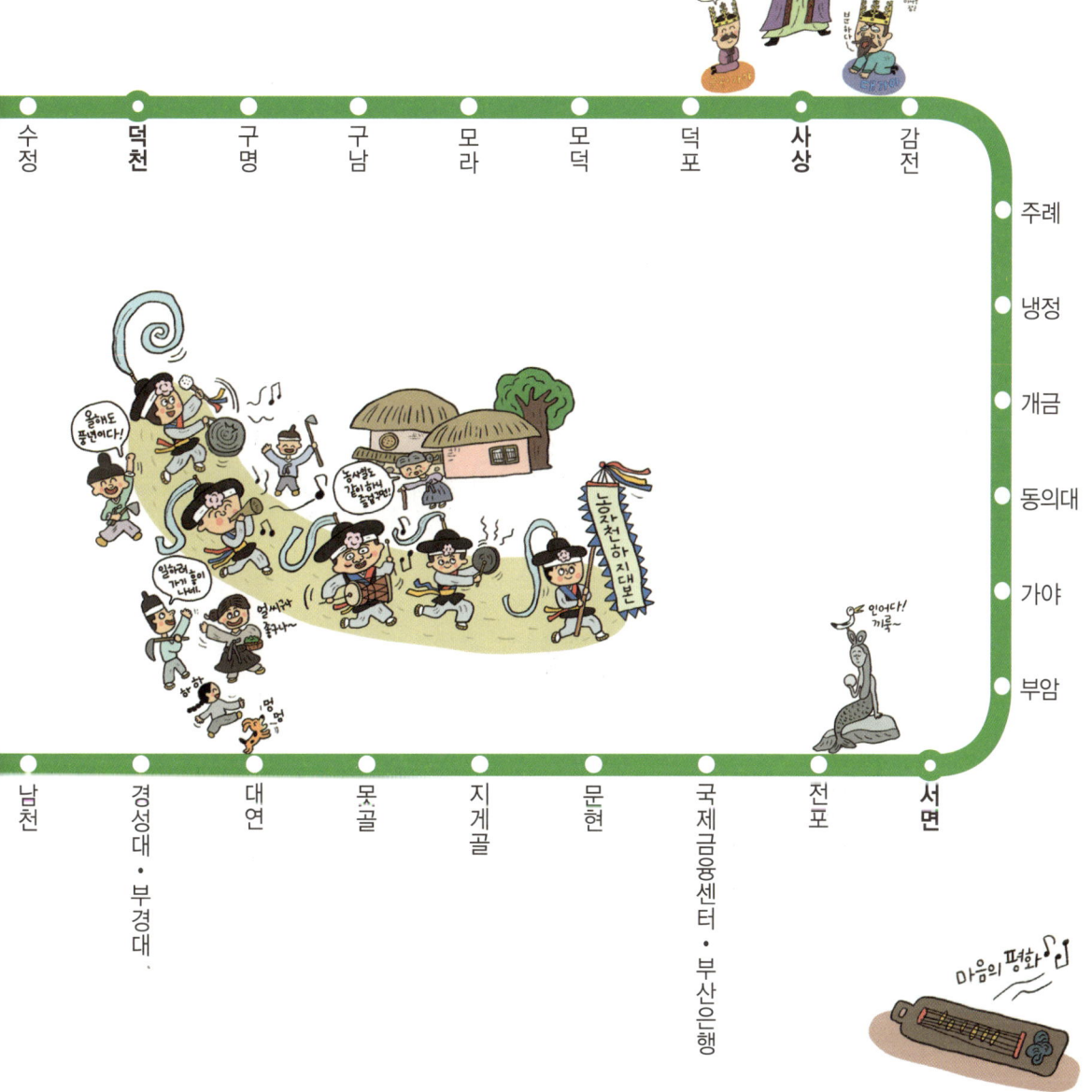

금곡역 먼 옛날 첨단 기술이 꽃피었던 금 골짜기

이번에 정차한 역은 금곡역이에요. 금곡동에 있는 역이에요. '금곡동'은 금정산에서 낙동강으로 뻗은 큰 골짜기가 '금곡'이라 붙여진 이름이라고 해요.

금정산의 서쪽 골짜기에 금이 나오는 곳이 많아 곳곳에 금을 찾기 위해 뚫은 굴이 많았다고 해요. 금이 많이 나오는 골짜기(谷, 곡)라 '금곡'이라고 했어요. 금은 요즘 말하는 황금이 아니라 쇠를 말해요. '쇠 금(金)' 자 '금곡'이에요.

이곳에 금이 많아서, 쇠를 녹이고 다루는 작업장이 있던 유적지인 야철지가 있어 '금곡'이라 했다고도 전해져요.

지금의 부산은 먼 옛날 거칠산국이란 작은 나라였다고 해요. 삼한의 한 나라 혹은 가야의 작은 나라였다고도 하지요. 그 뒤, 신라가 정복하여 신라의 땅이 되었지요. 금곡이 가야 땅이었다면 아마도 가야 시절에 금을 생산하던 터였을 거라고 봐요.

가야는 백제나 신라보다 철을 다루는 솜씨가 뛰어났어요. 그래서 가야를 '철의 왕국'이라고 불렀을 정도였어요. 가야가 있던 땅에 철광석이 나는 곳이 많았어요. 철광석은 철이 들어 있는 광물이에요. 이 철광석을 쓰기 위해서는 아주 높은 온도에서 녹여야 해요. 가야는 높은 온도를 다루고, 철을 단단히 만드는 기술이 뛰어났어요. 삼국 시대에 이 기술은 앞선 첨단 기술이었어요.
 가야의 고분에서 나온 유물을 살펴보면 철로 된 농기구, 무기 들이 다른 나라보다 많고 질도 좋아요. 철의 왕국, 가야 기술의 꽃은 철로 만든 철갑옷이에요.

가야의 철은 다른 나라로도 수출했어요. 중국의 역사책에 가야의 철 수출에 관한 이야기가 나와요. "한(옛 중국), 예(만주에 있던 나라), 왜(일본) 사람들이 가야에 와서 철을 가져간다. 시장에서는 물건을 사고팔 때 철을 쓴다. 마치 돈과 같다."고 했어요. 가야의 철이 이웃 나라 신라나 백제만이 아니라 먼 나라에까지 유명했다는 기록이지요.

그런데 시장에서 철을 돈처럼 썼다는 말은 무슨 뜻일까요?
 가야에서는 철로 만든 덩이쇠(철정)를 물건을 사고팔 때 돈처럼 썼다고 봐요. 또한 덩이쇠는 원하는 무기나 농기구를 만드는 데 편리했어요. 다른 나라에 수출하기에도 좋았지요. 가야의 고분에서는 덩이쇠가 많이 발견되었어요.

자, 철의 왕국 발자취가 남겨진 금 계곡을 지나 다음 역으로 출발!

율리역 밤나무골에 켜켜이 쌓여 있는 조개더미

이번에 정차한 역은 율리역이에요. 옛날 이곳에 밤나무가 많아서 '밤나무골'이라고 했어요. 밤나무골 아래 있는 마을이라 하여 '밤나무 율(栗), 마을 리(里)' 자를 써 '율리'라고 했다고 해요.

율리역 가까이에는 신석기 유적인 금곡동 율리 패총이 있어요. 패총은 먼 옛날 사람들이 버린 조개껍데기들이나 깨진 그릇들이 쌓인 곳이라고 했지요. 조개더미라고도 한다고 1호선 괴정역에서 살펴보았지요.

이곳 율리 패총에서는 신석기 시대의 대표적 유물인 '빗살무늬 토기'가 나왔어요. 한자로 빗을 뜻하는 '즐(櫛)', 무늬 '문(文)'을 써 '즐문 토기'라고도 해요.
빗살무늬 토기는 신석기 시대에 한반도에 살았던 사람들이 쓰던 그릇이에요. 한반도의 신석기 시대를 대표하는 유물이에요.

그릇의 모양은 바닥이 납작한 것도 있지만 뾰족한 것도 있어요. 그릇 바닥이 뾰족하면 어떻게 놓았을까요? 아마도 모래에 묻어 두고 쓰기 위해서 그런 모양으로 만들었다고 추측해요. 신석기 사람들은 농사를 지을 수 있게 되면서 한곳에 머무르는 정착 생활을 했어요. 주로 바닷가나 강가에 살았다고 봐요. 물을 구하기 쉽고, 바다나 강에서 물고기나 조개 같은 먹을 것을 구할 수 있었으니까요. 그래서 바닷가나 강가의 모래에 묻어 세우기 편리하게 바닥의 모양을 뾰족하게 했지요.

한곳에 머무르고 농사도 지으면서 곡식이나 음식을 저장해 둘 그릇이 필요했겠지요. 그래서 등장한 것이 빗살무늬 토기예요. 물론 음식을 익히거나 담아 먹는 데 썼다고 보이는 토기도 있어요.

그럼 이런 무늬는 왜 넣었을까요? 신석기 사람들이 뛰어난 예술가라서일까요? 그보다는 그릇을 단단하게 만들기 위해서였어요.

빗살무늬 토기는 아직 토기를 만드는 기술이 부족해 긴 흙으로 만든 띠를 돌려서 만들거나, 도넛 모양의 띠를 쌓아서 만든 그릇이에요. 이것을 잘 붙게 하고 갈라지지 않게 하려고 무늬를 넣었다고 해요.

빗살무늬 토기는 한반도의 신석기 사람들이 물가에 살았다는 것, 먹을 것을 저장해 두었다는 것처럼, 어떤 생활을 했는지 짐작하게 해요.

글로 된 기록이 없던 시대인 선사 시대는 이렇게 유물이나 유적으로 그때 사람들이 어떻게 살았는지 알 수 있어요.

자, 한반도 신석기 사람들의 삶을 상상해 보며 다음 역으로 출발!

구명역 깨어나라, 동포여. 지혜로워져라, 어린이여

이번에 정차한 역은 구명역이에요. 옛날 구포동에 있었던 '구명' 마을에서 역 이름이 정해졌어요.

구명 마을은 1907년에 개교한 구포 사립 구명학교에서 이름을 따왔어요. '구명'은 '거북 구(龜), 밝을 명(明)' 자를 써요.

그럼 왜 학교 이름에 '거북' 뜻이 담긴 한자를 썼을까요? 구명학교를 세운 뜻이 적힌 기록을 보면, "예로부터 거북은 신명의 후손이며 신령스러운 동물 가운데 하나다. 신령스럽고 이치에 밝은 거북처럼 지혜롭게, 오랜 세월을 사는 거북처럼 오랫동안 학교를 발전시키겠다."라고 했어요

구한말, 민중을 깨어나게 계몽하고, 실력을 키워서 나라를 지켜야 한다는 움직임이 널리 퍼졌어요. 그래서 곳곳에 근대적 교육 기관인 학교가 세워졌어요.

구포에서도 학교를 세우자는 뜻이 일어났어요. 여기에 구포 지역의 영향력이 있는 유지들이 뜻을 모아 1907년에 구포 사립 구명학교가 개교했어요. 여러 변화를 겪었지만, 지금의 부산 구포초등학교의 첫 시작이었어요.

구한말이란 조선 시대 말에서 대한 제국 때까지를 말해요. 이때 여러 나라가 우리나라를 집어삼키려고 눈독을 들였어요.
청(옛 중국)과 일제(제국주의를 내세우던 일본)는 우리나라를 간섭하고 군사를 동원했어요. 그러다 청과 일제는 우리나라의 지배권을 놓고 청일 전쟁을 벌였어요. 이 전쟁에서 일제가 승리했어요.
1904년부터 1905년 사이, 일제는 한반도의 지배권을 놓고 러시아하고도 전쟁을 벌였고, 이번에도 일제가 승리했어요.

일제는 기세를 몰아 조선에게 을사늑약을 강제로 맺게 하고, 우리나라를 침략하려는 욕심을 드러냈어요.
고종이 거부하는데도, 일제는 군사들까지 데리고 와 대신들을 압박해 조약을 맺었어요. 1905년, 을사년에 강제로 맺은 조약이라서 '을사늑약'이라고 해요. 우리나라의 외교권을 뺏고 통감부를 둔다는 내용이었어요.

일제는 우리나라가 다른 나라와 하는 모든 외교를 감독하고, 일제를 통하지 않고는 다른 나라와 조약을 맺지 못하게 했어요. 또한 통감부를 두어 나라 안의 일도 간섭하겠다고 했어요. 을사늑약은 일제의 야욕이 그대로 담긴 조약이었지요.
이런 불평등한 조약에 찬성한 대신들을 나라를 판 다섯 명의 매국노라고 해서 '을사오적'이라고 해요. 대표적인 매국노 이완용과 박제순, 이지용, 이근택, 권중현, 이렇게 다섯 사람이에요.

우리 조상들은 나라가 일제의 손아귀에 들어가는 것을 가만히 앉아서 볼 수만은 없었지요. 충정공 민영환처럼 을사늑약이 옳지 않다는 유서를 남기고 스스로 목숨을 버리는 사람도 있었어요. 최익현, 신돌석 같은 이들은 곳곳에서 의병을 일으켜 일제에 저항했어요.

고종 황제는 만국 평화 회의가 열리는 네덜란드 헤이그에 특사를 보냈어요. 을사늑약이 강제로 맺은 조약으로 무효라는 사실을 세계에 알리려고 했어요. 하지만 이마저 일본의 방해로 특사들은 회의에 참석도 못 해 실패했어요.
 일제는 헤이그 특사 사건을 구실로 고종 황제를 강제로 물러나게 했어요. 심지어 대한 제국의 군대마저 없애 버렸어요.

뜻있는 사람들은 이렇게 나라가 비참해진 이유가 근대화 교육이 안 되어서라고 생각했어요. 근대화 교육이 늦어서 세계를 잘 알지 못했기 때문이라고 여긴 사람들은 이제라도 나라를 구하는 길은 교육에 있다고 생각했어요. 그래서 계몽 운동이 이곳저곳에서 일어났어요. 우리의 실력을 키우자는 운동이었지요. 그 가운데 하나가 학교를 세우는 일이었어요. 구명학교도 그런 뜻으로 세워졌고요. 구포 사립 구명학교는 망해 가는 나라를 구하고자 하는 구포 지역 유지들의 소망이 담긴 학교였지요.

자, 구명학교의 뜻을 다시 새겨 보며 다음 역으로 출발!

역수역의 정보 플러스

을사늑약으로 우리나라를 드러내 놓고 차지하려던 일제는 그전부터 침략의 걸음을 내딛고 있었어요. 또한 외국의 여러 나라들은 동쪽 끝에서 조용히 문을 닫고 살던 조선을 열게 하려고 군함을 보냈어요.

서양의 이상한 배(이양선)가 나타났다, 병인양요, 신미양요

1800년대에 서양의 여러 나라가 조선에 문을 열어 통상하기를 요구했다.
고종 대신 나라를 다스리던 흥선 대원군은 통상을 반대했다.
조선이 통상을 거부하자, 서양의 여러 나라들은 군대를 앞세워 조선을 침략했다.
프랑스는 조선이 프랑스 선교사를 처형한 사건을 빌미로 강화도를 침략했다.
'병인양요'다. 병인년(1866년)에 서양 세력이 침략(擾, 요)했다는 뜻이다.
조선군은 강화도에서 이들을 막아 냈다.
1866년, 미국도 평양 부근에서 통상을 요구했다.
조선이 거부하자 조선 관리를 가두고 포를 쏘았다.
화가 난 조선 사람들은 미국 배를 불태워 침몰시켰다.
제너럴셔먼호 사건이다.
미국은 이를 빌미로 1871년에 강화도를 침략했다.
'신미양요'다. 신미년에 서양 세력이 시끄럽게 침략했다는 말이다.
조선군은 끝까지 맞서 싸웠다. 결국 미국은 물러갔다.

나라의 문을 굳게 닫다, 통상 수교 거부 정책(쇄국 정책)

두 번이나 서양 세력을 물리치자, 흥선 대원군은
더욱 굳게 조선의 문을 닫기로 했다. '쇄국 정책'이다.
쇄국 정책을 백성들에게 널리 알리기 위해 척화비를 세웠다.
"서양 오랑캐가 침범하는데 싸우지 않으면 화친을 하자는 것이요,
화친을 주장하는 일은 나라를 파는 것이다."
이런 글을 새긴 비석을 나라 곳곳에 세웠다.
부산진 성터에도 척화비를 세웠다.

일본 배가 나타났다, 운요호 사건

메이지 유신으로 근대화를 이룩한 일본은
대륙 침략의 첫 단계로 조선을 침략할 계획을 세웠다.
1875년, 일본은 조선 해안을 측량한다는 핑계를 대고
강화도 앞바다에 일본 군함을 보내 제멋대로 불법 침투했다.
조선은 일본군에게 대포를 쏘아 돌아가라고 했다.
이에 대한 보복으로 일본 군함도 대포를 쏘고, 육지에 상륙해 공격하고 돌아갔다.
이 사건을 이때의 일본 군함 이름으로 '운요호 사건'이라고 한다.

기어이 외국에 문을 연 조선

일본은 운요호 사건을 빌미로 조선을 힘으로 누르며 개항을 요구했다.
운요호 사건 다음 해, 결국 조선과 일본은 강화도에서 대표들이 만나 조약을 맺었다.
'강화도 조약'이다. 강화도 조약은 조선이 외국과 맺은 최초의 근대적 조약이다.
그러나 조선에는 불리한 불평등 조약이었다.
강화도 조약으로 부산 외에도 동해안의 원산, 서해안의 인천을 차례로 개항했다.
또한 조선 초, 삼포 개항 때와는 달리, 일본 사람들이 자유롭게 활동하게 했고,
항구에서 일본 사람이 죄를 지어도 일본 관리가 심판한다는 내용이었다.
조선이 세계를 향해 문을 연 신호탄이었지만, 일본 제국주의 침략이 한반도에 내디딘 첫걸음이었다.
그 뒤로 일본의 야욕은 을사늑약으로 이어지고,
기어이 한일 합병 조약으로 우리나라를 집어삼켰다.

2호선

모라역 정자나무 아래, 마을에서 모여요

이번에 정차한 역은 모라역이에요. 모라동에 있어 '모라'역이에요.

'모라'란 무슨 말일까요? 아주아주 먼 옛날에 쓰던 말 가운데에는 지금 우리가 쓰는 말하고는 조금 다른 말이 있어요. 초기 국가 시대부터 삼국 시대까지를 고대라고 하는데, '모라'라는 말은 이때 쓰던 말로, 마을을 뜻하는 우리말이에요.

이때의 모라, 그러니까 마을은 지금처럼 동네를 뜻하는 말은 아니었어요. 고대 사람들이 모이는 장소를 '모라'라고 했어요.

모이는 일정한 집을 말하는데, 집이 없을 때는 정자나무 아래 모여서 마을 일을 의논했어요.

정자나무란 식물 이름이 아니라 마을 어귀나 길가에 있는 큰 나무를 일컬어요.

큰 나무니까 잎도 많아 그늘도 넓었겠지요. 마을 사람들이 오가며 쉬어 가기도 하고 모여 놀기도 하는 장소였어요. 딱 마을 사람들이 모이는 장소지요. 그곳이 바로 모라, 마을이었어요.

우리말로 '마을, 모을', 혹은 '말, 몰', 또는 '마슬, 마실'이라고 했고, 이렇게 모이는 장소가 있는 동네를 나중에는 '마을'이라고 부르게 된 거지요.
그러다가 '마을'은 여러 집이 모여 사는 곳을 뜻하게 되었어요. '마실'은 이웃으로 놀러 간다는 말이 되었고요. '마을'에도 이웃에 놀러 가는 일이라는 뜻이 있어요.
지금은 '마을'이라는 말보다 '동네'라는 말을 더 많이 쓰지요. 이처럼 말은 뜻이 달라지기도 하고, 발음이 변하기도 하지요.

'모라동, 모라역'은 우리의 옛말을 살려서 지은 이름이에요.

자, 우리말의 소중함을 느끼며 다음 역으로 출발!

주례역 농악에 맞춰 힘을 모아 일하러 갑시다

이번에 정차한 역은 주례역이에요. 역시 주례동에 있어서 '주례'역이에요.

'주례'라는 이름에는 여러 가지 풀이가 있어요. 이곳이 낙동강 변의 주변이어서 '두리', '두루', '드르'라는 옛 우리말로 불리다가 '주례'가 되었다고 해요. 혹은 옛 중국 주나라의 주공이 지은 책 『주례』에서 이름을 따왔다고도 해요.

또한 '두레'에서 나왔다는 풀이도 있어요. 옛날에 농사를 지을 때, 마을 사람들이 함께 일하던 두레를 한자로 쓰면서 '주례'가 되었다고 봐요.

그럼 '두레'란 무엇일까요?

옛날 우리나라의 남쪽 지방은 주로 논농사를 지었어요. 논농사를 지으려면 많은 사람이 필요했어요. 그래서 한 마을의 남자 어른들이 힘을 모아 함께 농사를 지었어요. 또한 여자들은 서로 협력해 옷감을 짜는 길쌈을 함께하기도 했어요. 이런 공동 노동 조직을 두레라고 해요.

두레의 종류는 다양해요. 남자 두레, 여자 두레로 나누기도 하고, 어떤 두레가 먼저 생겼는지에 따라서 형 두레, 아우 두레가 있기도 했어요. 모이는 남자 어른의 나이에 따라서 청년 두레, 장년 두레, 노인 두레도 있었다고 해요.

우리 조상들은 두레 말고도 '품앗이'를 했어요. 품앗이는 개인적으로 서로 도움을 주는 방법을 말했어요. 이웃집이 콩을 수확할 때 우리 집에서 도와주고, 우리 집이 도와주었으니 우리 집 무를 수확할 때 이웃집이 힘을 보탰지요. 이에 비해 두레는 한 마을의 남자 어른들이 거의 모두 함께 참가했어요.

두레가 함께하는 일은 논에 모를 심는 모내기, 논밭에 물대기, 논밭의 잡초를 뽑는 김매기예요. 또한 벼를 수확하는 벼 베기, 곡식의 이삭을 털어서 낟알을 거두는 타작 등 농사의 모든 과정을 함께했어요. 특히 한 번에 많은 일손이 필요한 모내기, 김매기는 두레가 중요하게 함께했어요.

두레는 일정한 규칙 아래서 조직적으로 일했어요. 작업을 하기 전에 농사일이 하늘 아래 가장 큰 근본이라는 뜻의 '농자천하지대본'이라고 쓴 깃발을 세우고, 나팔을 불어 일을 시작했어요. 일을 하다 휴식할 때도 질서 있게 흐트러짐 없이 단체 행동을 했어요. 두레와 뗄 수 없는 것이 농악이에요. 농기를 앞세우고 일을 하러 갈 때, 장구, 꽹과리, 북을 치며 힘을 북돋았어요.

우리 조상들은 힘든 농사일을 서로서로 도와 함께했어요. 질서 있게, 또 흥을 돋우어 더 힘을 내어 했지요. 두레는 마을 사람들에게 '함께'라는 생각을 가지게 했고, 서로 뭉치게 하는 역할도 했어요.

자, 우리 조상들의 함께하는 농사짓기를 생각해 보며 다음 역으로 출발!

개금역 전쟁의 두려움을 가라앉혀 준 거문고 소리

2호선

이번에 정차한 역은 개금역이에요. 개금동에 있어요.

'개금'이란 옛날 이곳 마을 모양이 길쭉한 것이 마치 거문고 같다고 해서 붙여진 이름이에요. '개금'의 '금'이 '거문고 금(琴)'이에요.

또 다른 풀이는 임진왜란 때 전해지는 이야기에 담겨 있어요.

임진왜란이 일어나자, 백성들은 뿌리내리고 살던 마을을 떠나 하염없이 이리저리 피난길을 헤맸어요.

옛날에는 특별한 일이 아니면 대부분의 사람들이 태어난 곳에서 줄곧 살았어요. 그런데 난리가 나서 정해진 곳도 없이 고향을 떠나야 했으니, 얼마나 불안하고 두려웠겠어요.

피난을 떠난 사람들이 떠돌던 어느 날이었어요. 푸른 숲이 우거지고, 맑은 냇물이 흐르는 아늑한 계곡까지 있는 곳을 발견했어요. 마음이 평화로워졌겠지요. 잠시 전쟁의 두려움과 정겨웠던 마을을 떠난 불안을 내려놓고 거문고를 꺼내 연주했대요. 그러고는 이곳에 아예 머물기로 결심했다고 전해져요. 그래서 거문고(琴, 금)를 열다(開, 개)라는 뜻으로 '개금'이 되었다고 해요.

임진왜란은 1592년부터 1598년까지 칠 년 동안 두 차례에 걸쳐 왜(일본)가 조선을 침략한 전쟁이에요. 1592년의 첫 번째 침략을 '임진왜란'이라 하고, 1597년에 다시 쳐들어왔다고 해 '정유재란'이라고 해요. 보통 두 번의 침략을 합쳐 '임진왜란'이라고 해요.

옛날에는 지금처럼 연도를 숫자로 표시하지 않고 '임진년, 정유년, 갑신년, 을미년, 갑오년'처럼 불렀어요. 1592년은 '임진'년이에요. 전쟁이 일어난 해에 '왜'가 쳐들어온 난리, '란'이라서 '임진왜란'이라고 해요.

1392년 이성계가 나라의 문을 연 조선은 외적의 큰 침입 없이 지냈어요. 그런데 꼭 이백 년 만인 1592년에 왜가 쳐들어왔어요.
왜는 부산진 앞바다로 침입해 부산진을 공격했어요. 부산진 첨사 정발이 백성들과 막아섰지만 당해 내지 못하고 부산진을 점령당했어요. 정발은 전사했어요. 그 뒤로 왜는 동래읍성, 다대포성을 공격해 차지했어요.

왜군은 조선의 왕이 있는 한양을 향해 빠르게 진격했어요. 조선은 군사들을 보내 왜군이 북쪽으로 쳐들어오는 길을 막고자 했어요. 뛰어난 장수로 유명했던 신립도 충주로 갔어요.
탄금대에서 치열한 전투가 벌어졌지만, 조총을 앞세운 왜군의 기세에 조선군은 결국 전멸했어요. 조총은 날아다니는 새도 떨어뜨린다고 해서 '새 조(鳥)', 무

기인 '총(銃)'이에요. 말을 타고 활과 창으로만 전투를 하던 조선군에게 조총은 당할 수 없는 무기였지요. 신립이 이끄는 조선군이 참패하자, 신립 장군은 강에 몸을 던져 스스로 죽음을 선택했어요.

신립의 죽음이 전해지자, 선조는 북쪽으로 피하기로 했어요. 그 뒤에 조정을 둘로 나누어 세자 광해군에게 맡기고, 자신은 의주까지 피난을 갔어요.

그렇다고 조선이 이렇게 당하고만 있지는 않았어요. 명의 도움도 있었지만, 곳곳에서 나라를 지키고자 일어난 의병이 왜군들을 물리쳤어요. 우리가 잘 알듯이 이순신 장군은 남해의 옥포, 부산포, 한산도, 명량 등에서 왜군을 크게 물리쳤지요. 땅에서는 권율 장군이 행주 대첩, 김시민 장군이 진주 대첩으로 왜군을 무찔렀지요. 결국 칠 년의 전쟁은 왜군이 물러가면서 끝이 났어요.

부산은 왜군이 처음 쳐들어온 곳이고, 조선 땅으로 가는 길목이어서 치열한 싸움터였어요. 처음 왜의 손에 넘어간 땅으로, 왜군의 지배 아래 놓인 곳이었어요. 그만큼 부산 백성들의 희생이 컸어요.

이런 엄청난 전쟁 속에서 피난길에 찾아낸, 마음을 평안하게 해 주는 마을이 바로 옛 개금동이었어요.

자, 마음을 평화롭게 하는 거문고 소리를 들으며 다음 역으로 출발!

가야역 거북아, 거북아, 머리를 내어라, 수로 왕국

이번에 정차한 역은 가야역이에요. 가야동에 있어요.

옛날에 이 마을로 가려면 '감 고개', '가모 고개', '가마 고개'라고 불린 고개를 넘어야 했어요. 그래서 이 고개 아랫마을이라고 '가야'라는 이름이 붙여졌다고 해요.

또 다른 이야기로는 삼국 시대에 한반도 남동쪽에 있었던 연합 국가, 가야에서 그 이름을 따왔다고도 짐작해요.

그렇다면 가야는 어떤 나라여서 지금까지 동네 이름에 그 흔적을 남겼을까요?

가야는 한반도의 남동쪽, 낙동강 유역에 있었던 연합 국가예요. 연합 국가란 작은 나라들이 하나의 조직으로 모인 나라를 말해요.

금관가야, 대가야, 아라가야, 비화가야, 성산가야, 소가야 등 작은 나라들이 연합했어요. 가야는 기원전 1세기에서 서기 6세기까지 육백 년이 넘게 신라, 고구려, 백제와 같은 시기에 있던 나라예요. 초기에는 금관가야가, 후기에는 대가야가 중심 세력이었어요.

『삼국유사』에 금관가야를 세운 수로왕의 이야기가 나와요.
어느 날 한 봉우리에서 이상한 소리가 들렸어요.
"하늘이 나에게 이곳을 다스려 새로운 나라를 세우고 임금이 되라 하기에, 내가 내려가고자 한다."
이 소리를 들은 부족장들과 백성들은, "거북아, 거북아, 머리를 내어라. 그렇지 않으면 구워 먹으리." 하는 '구지가'를 부르며 춤추고 기뻐했어요.
그러자 하늘에서 붉은 줄을 타고 붉은 보자기에 싸인 금 상자가 내려왔어요. 상자를 열어 보니 황금 알이 여섯 개 있었어요. 그 알에서 사내아이들이 차례로 나왔어요. 아이들은 각각 여섯 가야의 왕이 되었어요.
첫 번째 알에서 나와 '수로'라는 이름이 지어진 아이가 금관가야의 첫 왕이에요. 김해 김씨의 시조이기도 해요.

금관가야의 김수로왕처럼 신라를 세운 박혁거세도 알에서 나왔다는 설화가 있고, 고구려를 세운 주몽도 신의 아들이라는 이야기가 전해지지요. 왜 나라를 세운 왕들은 모두 이런 신비한 이야기가 전해질까요?
하늘의 뜻을 받았다고 하면, 백성들이 이를 믿고 따르며 마음을 모을 수 있기 때문이에요. 이런 이야기를 나라(國, 국)를 세운(建, 건) 신성한(神, 신) 이야기(話, 화)라고 해서 '건국 신화'라고 해요.

다시 가야로 돌아와서, 가야는 질 좋은 철을 만드는 기술을 지닌 나라였어요. 낙동강과 남해 바닷길을 통해 여러 나라로 철을 수출하는 철의 왕국이었어요.

이렇게 발전하던 가야는 고구려, 백제, 신라의 영토 전쟁에 끼어 멸망의 길로 접어들었어요. 고구려 땅을 크게 넓혔던 광개토 대왕의 힘은 한반도 남쪽, 가야까지 미쳤어요. 신라의 부탁을 받은 고구려의 공격을 받고 금관가야는 세력이 약해졌고, 가야의 중심은 대가야로 넘어갔어요.

신라의 힘이 점점 커졌어요. 신라는 끊임없이 가야 쪽으로 영토를 넓히려고 했어요. 금관가야는 결국 신라의 힘에 밀려 스스로 항복했어요.
금관가야는 사라지고, 마지막 왕의 후손은 신라의 귀족이 되었어요. 백성들도 신라의 백성이 되었어요. 금관가야 왕의 후손 가운데 한 사람이 신라의 삼국 통일에 앞장섰던 김유신 장군이에요.

금관가야의 뒤를 이어 가야의 중심 세력이 된 대가야도 힘이 점점 약해졌어요. 이때 대가야도 신라의 공격을 받았어요. 신라의 영토를 가장 크게 넓혔던 진흥왕의 명을 받은 이사부가 화랑 사다함을 이끌고 공격했어요. 결국 대가야도 항복할 수밖에 없었지요. 562년, 대가야의 멸망으로 가야는 끝이 났어요.
육백여 년의 역사를 지닌 가야는 사라졌지만, 부산의 전철역에 그 이름이 남아 있어요.

자, 먼 옛날 이 땅에 있었던 가야를 기억하며 다음 역으로 출발!

문현역 자동문도 문, 돌쩌귀가 달린 지게문도 문

2호선

이번에 정차한 역은 문현역이에요. 역시 문현동에 있어요.

문현동은 옛날에 '찌께골'이라고 했어요. 찌께골이라고 하니, 우리가 먹는 맛있는 된장찌개나 김치찌개가 떠오른다고요? 아니, 아니, 그건 아니에요.

찌께골은 '지게골'에서 온 말이에요. '지게'는 마루와 방 사이, 문이나 부엌의 바깥문에 안팎으로 두꺼운 종이를 바른 문을 말해요.

이곳의 땅 모양새가 양쪽이 산으로 둘러싸여 있어 마치 방으로 들어가는 문과 같다고 해서 '지게골'이 되었다고 해요.

일제 강점기 때, 우리말이었던 땅 이름을 한자로 바꾸면서 '지게'는 문을 뜻하는 '문(門)', 골은 고개를 뜻하는 '현(峴)'으로 바뀌었어요.

96

또 다른 이야기도 있어요. 조선 후기, 연산 신씨가 이 마을에 들어와 살았는데, 그 뒤쪽으로 다른 집들이 생겼어요. 마을을 이룰 정도가 되었어요. 앞쪽 마을과 뒤쪽 마을, 두 마을을 오갈 때 고개가 문 구실을 했다고 '문고개', '문고랑'이라는 이름이 붙었어요. 이 말이 '문현'이 되었다고도 해요.

지게가 방으로 들어가는 문이라면, 집으로 들어가는 문은 '대문'이라고 해요. '큰 대(大)' 자를 써, 큰 문이란 뜻이에요.

옛날 백성들 집의 대문은 소박했지만, 양반의 기와집 대문은 화려했어요. 이 대문을 '솟을대문'이라고 했어요. 대문에도 지붕이 있었고, 그 지붕을 높게 올려 우뚝 솟아 있는 대문이라서 '솟을대문'이라고 했어요.

왜 이렇게 지붕을 높이 올렸느냐 하면, 가마가 걸리기 때문이에요.

조선 시대 관직에 오른 양반들은 주로 가마를 타고 다녔어요. 특히 높은 관직의 양반은 초헌이라는 수레 가마를 탔어요. 이것은 보통 여섯 명에서 아홉 명이 한 조를 이루어 움직였어요. 가마가 높고 바퀴도 있고, 움직이는 사람도 많으니 문이 높고 넓어야 했겠지요. 바퀴가 지나갈 수 있게 문턱도 없앴어요.

솟을대문은 보통 두 개의 큰 문을 달아 열고 닫았어요. 높이 솟은 솟을대문은 양반의 권위를 나타내는 문이었어요.

양반집을 방문한 양반 친구들은 솟을대문 앞에서 "이리 오너라." 쩌렁쩌렁 외쳤겠지요?

자, 자동으로 여닫히는 전철 문에 고맙다고 인사하며 다음 역으로 출발!

금련산역 — 선비 꽃, 불교 꽃, 연꽃이랑 닮았어요

2호선

이번에 정차한 역은 금련산역이에요. 역이 금련산 자락에 있어 붙여진 이름이에요.

금련산의 이름은 산 모양이 연꽃과 비슷해서 지어졌다고 전해져요. 혹은 부처님께 금련화라는 꽃을 받들었기 때문에 붙여진 이름이라고도 해요. 금련화의 '련'도 연꽃의 '연(蓮)' 자예요.

연꽃은 우리 민족의 사랑을 받아 온 꽃이에요. 더러운 연못에서도 깨끗하고 아름다운 꽃을 피운다고 꽃 가운데서도 군자라고 했어요. '군자'는 행동이 올바르고 덕과 학식이 높은 사람을 말해요. 그래서 더러움에 물들지 않는 연꽃은 선비들의 사랑을 받았어요.

연꽃은 씨를 많이 맺어서 아이를 많이 낳는다는 '다산'의 뜻도 있어요. 그래서 부인들의 옷에 연꽃무늬를 새겨 넣어 자손을 많이 낳기를 기원하기도 했어요.

또한 연꽃은 불교의 상징과도 같은 꽃이에요. 연못에서 피는 연꽃은 인간 세상의 더러움 속에서도 물들지 않고 피어 맑고 바름을 상징한다고 여겼어요.

불교에서 최고의 세계로 여기는 극락세계를 부를 때 '연방'이라고 하고, 부처가 앉아 있는 자리에 연꽃을 조각하기도 했어요. 절에는 곳곳에 연꽃 모양이 담겨 있어요. 절에 다는 등도 연꽃 모양으로, '연등'이라고 하지요.

자, 그렇다면 인도의 석가모니에서 시작한 불교는 언제부터 우리나라에 들어왔을까요? 시간을 쭉 거슬러 올라가 삼국 시대까지 가요.

먼저 고구려는 소수림왕 때 옛 중국으로부터 불교를 받아들였어요. 백제는 침류왕 때 인도의 승려 마라난타가 들어와 불교를 전했어요.

신라의 불교는 처음에 고구려를 통해서 들어왔으나 인정받지 못했어요. 법흥왕 때, 옛 중국에서 보낸 승려에 의해서 신라 왕실에 불교가 들어오자, 법흥왕은 불교를 널리 알리려고 했어요. 그러나 귀족들이 반대하고 나섰어요.

이때 법흥왕의 신하인 이차돈이 나서서 스스로 희생해 불교를 전하겠다고 했어요. 이차돈의 목을 베었더니 붉은 피가 아니라 흰 피가 높이 솟아올랐어요. 하늘이 어두워지고 땅이 흔들리며 사방에서 꽃비가 내리는 신기한 일이 벌어졌어요.

이런 신비한 일을 보고 귀족들도 불교를 받아들이기로 했다고 전해져요.

그럼 왜 왕들은 이렇게 불교를 받아들이려고 노력했을까요? 불교를 통해 백성들의 마음을 하나로 모을 수 있다고 여겼기 때문이에요.

또한 왕이 곧 부처와 같다는 생각을 널리 퍼뜨려 귀족들이나 백성들이 왕을 잘 따르게 하려는 생각이었어요.

고구려의 소수림왕 역시 불교를 공인하고, 태학을 세워 인재를 키웠어요. 또한 오늘날의 법과 같은 율령을 반포해 고구려의 기틀을 잡았어요.

신라의 법흥왕도 이차돈의 순교에 힘입어 불교를 공인하고, 율령을 반포해 왕의 힘을 키워 중앙 집권 체제를 완성했어요.

이렇게 우리나라에 들어온 불교는 통일 신라의 왕실 불교가 되었고, 고려 때는 불교의 나라라고 불릴 정도로 더욱 꽃피웠어요.

그러나 조선 시대에는 유교를 받들고 불교를 거부한다는 '숭유배불 정책'으로 불교를 억눌렀어요. 그래서 스님들이나 절이 산으로 들어갔어요. 절이 대부분 산에 있는 이유이기도 해요. 조선 시대를 거치며 불교는 억눌림을 당했지만, 지금도 우리나라에는 불교가 이어지고 있어요.

자, 금련산이 전하는 연꽃 향을 느끼며 다음 역으로 출발!

수영역 우리 바다는 절대 내어 줄 수 없다!

이번에 정차한 역은 수영역이에요. 수영구 수영동에 있어요.
바다가 가까우니 헤엄치는 수영을 떠올렸나요? 아니, 아니, 그건 아니에요.

'수영'은 조선 시대 경상좌도 '수군절도사영'을 짧고 간단하게 줄여서 부르던 이름이에요. '수군'이란 오늘날의 해군처럼 바다를 지키는 군사예요. 수군을 지휘하는 수군절도사가 있던 진영을 '수군절도사영'이라고 했어요.

우리나라는 삼면이 바다로 둘러싸여 있고, 조선 시대에는 남쪽으로 왜구의 침입이 잦았어요. 그래서 수군을 두어 바다를 지키게 했어요. 이 수군을 지휘하고 이끄는 사령관이 수군절도사예요.

팔도 가운데 다른 도는 육군 사령관이나 지방을 다스리는 관찰사가 수군절도사 역할까지 겸했어요. 이와 달리 경기도와 충청도에는 따로 한 명의 수군절도사가 있었어요.

남쪽 바다와 접해 있는 경상도와 전라도는 수군이 중요했기 때문에 한 도에 각각 좌수사, 우수사, 이렇게 둘을 두었어요. 임진왜란 때, 이순신은 전라 좌수사였고, 원균은 경상 우수사였던 것을 보면 알 수 있지요. '수사'는 수군절도사를 줄여서 부르는 말이에요.

임진왜란 때는 수군들이 효율적으로 움직일 수 있도록 경상도, 전라도, 충청도, 세 곳의 수군을 모두 지휘하는 삼도 수군통제사를 두었어요.
그때 전라 좌수사였던 이순신이 첫 삼도 수군통제사가 되었어요. 이순신은 수

　많은 해전에서 왜군을 물리쳤지만, 원균의 모함을 받아 한때 한양으로 잡혀가고 삼도 수군통제사 자리에서 내려왔어요. 그 자리는 원균이 맡았고요.
　그러나 원균이 왜군에 크게 패배하자, 임금은 다시 이순신을 남쪽 바다로 내려보냈어요. 이순신은 또다시 삼도 수군통제사가 되었어요.

　이순신이 전라 좌수사일 때, 부산포에서도 큰 활약을 한 적이 있어요. 바로 부산포 해전이에요.
　부산포 해전은 임진왜란이 시작되고 얼마 뒤, 이순신이 부산 앞바다에서 왜군의 배들을 크게 물리친 싸움이에요.
　이순신의 군사들은 부산포 안에 왜군의 배들이 많이 숨어 있다는 사실을 알게 되었어요. 이순신은 군사들을 이끌어 왜군을 쳤어요. 왜군들은 배를 버리고 육지로 도망갔어요. 이순신은 왜군의 배 백여 척을 친 뒤에 전투를 멈추고 전라좌수영으로 돌아갔어요.

육지로 올라간 왜군을 뒤쫓지 않은 이유는, 수군들에게 땅 위에서 싸우는 육전이 해전에 비해 불리했기 때문이에요.
　이순신은 나아갈 때와 물러설 때까지도 잘 알았던 거지요. 다만 부산포 해전에서 크게 이겼지만, 이순신은 아끼던 부하 정운을 잃었어요.

　정운이 전사한 곳은 몰운대예요. 전투에 나가기 전, 정운은 이곳 이름이 '몰운대'라는 말을 들었어요. 정운은 몰운대의 '운' 자와 자신의 이름 '운'이 소리가 같다며, "나는 이곳에서 사라질 것이다."라고 말했다고 전해져요. 아마도 죽을 각오로 싸우겠다는 의지가 아니었을까요? 그의 의지로 부산포 해전은 이겼으나, 정운은 그의 말처럼 사라졌지요.

　이순신은 이렇게 훌륭한 장수를 거느렸고, 무적의 거북선과 판옥선으로 왜군을 물리쳤어요. 제아무리 새로운 무기, 조총을 가진 왜군이라도 꼼짝 못 했지요. 이순신은 칠 년의 임진왜란 동안 단 한 번도 싸움에서 지지 않았어요.

　이순신이 이렇게 남쪽 바다를 단단히 지키고 있어서, 육지로 들어가 있던 왜군은 무기나 식량을 바닷길로 제대로 가져오지 못했어요.
　또한 곡식이 많이 나는 전라도를 지켜 내 백성을 살리고, 왜군이 우리 땅에서 식량을 구하지도 못하게 했어요.
　왜군이 물러간 큰 이유 가운데 하나가 전라도와 남해를 차지하지 못했기 때문이에요. 바로 수군절도사, 나아가 삼도 수군통제사였던 이순신 장군의 힘이었어요.

　자, 우리의 옛 바다를 지키던 수군절도사영을 뒤로하고 다음 역으로 출발!

역수역의 정보 플러스

이순신 장군이 임진왜란 때 얼마나 큰 활약을 했는지 잘 알고 있지요. 그 활약은 그냥 이루어진 것이 아니에요. 철저한 준비와 세심하고 뛰어난 전술에서 나왔어요.

전쟁을 미리 준비한 **이순신 장군**

이순신 장군은 마흔일곱 살에 전라좌도 수군절도사가 되었다.
곧 왜가 쳐들어올 것을 미리 내다본 이순신은 좌수영을 근거지로 전투에 쓰일 배를 만들었다.
군사 시설과 무기들도 튼튼하게 준비했다.
왜군이 부산으로 쳐들어왔다는 소식을 들은 이순신은 즉시 전투에 나갈 태세를 갖추었다.
경상 우수사 원균의 도움 요청을 받고 이순신은 팔십오 척의 배를 이끌고 나섰다.
원균이 이끌고 온 배는 여섯 척이었다. 두 수군절도사는 힘을 합쳤다.
옥포 앞바다를 지날 때 왜군 배가 있었다.
왜군은 조선 수군이 바다로 공격해 올 줄은 몰랐다.
조선 수군은 순식간에 포와 불화살을 날려 왜군을 물리쳤다.
바로 옥포 해전이다. 이순신의 첫 번째 승리였다.

이순신 장군의 큰 승리, 삼 대 해전

대첩이란 '큰 대(大), 이길 첩(捷)', 크게 이긴 싸움이다.
이순신 장군의 삼 대 해전 첫 번째 대첩은 '한산도 대첩'이다.
한산도 대첩은 임진왜란의 전세를 조선에 유리하게 돌린 전투다.
진주 대첩, 행주 대첩과 함께 임진왜란의 삼 대 대첩 가운데 하나다.
두 번째는 '명량 대첩'이다.
원균이 칠천량 해전에서 크게 패한 뒤 겨우 열두 척의 배만 남았다.
이순신은 "신에게는 아직 열두 척의 배가 남아 있습니다.
죽기를 각오하고 싸운다면 가능할 것입니다."란 글을 임금에게 올렸다.
이 말처럼 이순신은 전선 열두 척과 백성의 배 한 척으로
백삼십 척이 넘는 왜군과 싸워 큰 승리를 했다.
세 번째는 '노량 해전'이다.
노량 앞바다에서 이순신이 이끄는 수군과 왜군이 벌인 마지막 전투다.
이 해전으로 칠 년의 임진왜란은 끝이 났다.
이순신 장군도 이때 죽음을 맞이했다.

최고의 승리 비결, 이순신 장군의 전술

이순신 장군 하면 떠오르는 거북선과 판옥선이 승리의 첫 번째 비결이다.
왜군이 우리 배로 뛰어들지 못하게 갑판을 높인 판옥선,
그 위에 덮개를 씌운 군함이 거북선이다.
거북선이 앞서 돌격하면, 판옥선이 뒤따라 왜군을 공격했다.
우리나라 고유의 화포인 지자총통과 현자총통으로 공격했다.
군함, 무기와 더불어 가장 큰 승리 비결은 뛰어난 전술이다.
한산도 대첩에서는 적은 수로 많은 수의 적을 물리치기 위해 학익진을 펼쳤다.
학이 날개를 편 모양으로 배를 배치하는 전술이다.
부산포 해전에서는 긴 낙동강을 이용해 뱀처럼 길게 배치하는 장사진 전술도 펼쳤다.
많은 전투에서 바다와 땅의 모양, 물길과 조류까지 이용한 전술을 폈다.
대표적인 것이 한산도 대첩, 노량 해전 등이다.

민락역 맹자님 말씀, 즐거움은 백성과 함께

이번에 정차한 역은 민락역이에요. 민락동에 있어요.

삼백여 년 전에 이곳에는 보리전 마을과 널구지 마을이 있었어요. 일제 강점기 때 널구지 마을을 '평민동'이라고 하고, 보리 마을을 '덕민동'이라고 했어요. 이 두 마을이 합쳐지면서 '민락동'이 되었어요.

'민락'이란 옛 고사성어 '여민동락'이란 말에서 나왔어요. 고사성어란 옛이야기에서 나온 한자 말을 뜻해요.

'여민동락'은 옛 중국의 책 『맹자』에서 나왔어요. 이 책은 중국 유교 학자 맹자의 생각을 담은 책이에요. '여민동락'은 '더불 여(與), 백성 민(民), 같을 동(同), 즐길 락(樂)'이에요. 백성과 즐거움을 함께한다는 뜻이지요.

맹자는 왕이란 덕으로 백성을 다스려야 한다고 주장했어요. 맹자가 양나라 혜왕에게 이렇게 말했어요.

"왕이 음악을 연주하는데, 백성이 그 소리를 듣고 이맛살을 찌푸리면서, 왕은 음악을 즐기는데 우리는 어찌 이리 살기 힘든가 하고 불평하고, 왕이 말을 타고 사냥을 나가는 소리를 듣고 화려한 깃발을 보며 또 이맛살을 찌푸리고는, 우리 왕은 사냥을 즐기면서 우리는 어찌 이런 지경에 이르게 하는가 하고 원망을 한다면, 이는 왕이 백성들과 즐거움을 함께하지 않기 때문입니다."

왕이 음악을 연주하고, 사냥을 가는데, 이를 백성들이 보고 기뻐하며 "우리 왕이 건강하신가 보다." 하고 좋아한다면, 이는 왕이 백성과 즐거움을 함께하기 때문이라고 했어요. 여기서 나온 말이 '여민동락'이에요. 왕이 백성들은 힘들게

하면서 자기만 즐거워한다면 백성들이 거스르고 저항하겠지요. 백성들과 즐거움을 함께한다면 왕이 즐기는 것을 함께 기뻐하겠고요. 즉, 좋은 왕은 백성을 중요하게 여기는 자세를 가져야 한다는 뜻이지요.

이 동네에 '여민동락'의 '민락'이란 이름이 붙은 것은 이곳 좌수영의 벼슬아치가 백성들과 함께 즐거워한다는 뜻에서 나왔다고 전해져요. 백성과 함께하는 태도는 왕에게만 필요한 것이 아닐 테니까요.

자, 모두 함께 즐거운 '민락'에 담긴 뜻을 새겨 보면서 다음 역으로 출발!

동백역 동백꽃 휘날리는 바다를 헤엄친 인어 공주

이번에 정차한 역은 동백역이에요. 가까이에 동백섬이 있어서 붙여졌어요.

동백섬은 모양새가 옷을 다리는 다리미를 닮았다고 해서 '다리미섬'이라고 했어요. 옛날에는 육지와 떨어져 있는 섬이었어요. 그런데 오랜 세월 돌이나 흙, 모래가 물과 바람에 쓸려 쌓이는 퇴적 작용으로 지금은 해운대 백사장과 연결됐어요.

동백섬에는 전해지는 이야기가 많아요.

먼 옛날 한 어부가 고기잡이를 나갔다가 바람에 쓸려 사라졌어요. 그 아내가 다리미섬 꼭대기에 올라가 하염없이 남편을 기다리다 그만 죽고 말았어요.

그 아내가 묻힌 자리에 동백나무가 자라 동백꽃이 피고, 섬은 동백나무 숲을 이루었어요. 워낙 동백꽃이 많아, 말이 지나가면 떨어진 동백 꽃잎에 말의 발이 쑥 들어갈 정도였다고 해요. 그 뒤로 이 섬을 '동백섬'이라고 불렀어요.

동백섬에는 또 다른 이야기도 전해져요.

아주아주 먼 옛날 동백섬에 한 나라가 있었대요. 이 나라에는 임금이 없었어요. 어느 날 하늘에서 내려온 금 상자에서 황금알이 나왔어요. 그 황금알에서 어린아이가 태어났어요.

아이는 단 열흘 만에 어른이 되어 왕이 되고, 나라 이름을 '무궁'이라 했어요. 왕은 하늘의 은혜로 왕이 되었다고 해 '은혜왕'이라 했고요.

그런데 은혜왕에게 왕비가 없어 신하들이 추천을 했지만, 은혜왕은 거절했어요. 하늘이 왕비를 보내 줄 거라면서요.

이때 바다 건너 나란다라는 또 다른 나라가 있었어요. 신비하게도 이곳 사람들은 몸 끝에 물고기처럼 지느러미가 있었어요. 나란다에 '황옥'이라는 공주가 있었어요. 어느 날 왕과 왕비의 꿈속에 신이 나타나 바다 건너 무궁 나라의 은혜왕에게 공주를 시집보내라고 했어요. 드디어 무궁 나라의 은혜왕과 나란다의 황옥 공주가 결혼해 동백섬에 살게 되었어요.

몸 끝에 있던 지느러미는 어찌했을까요? 황옥 공주의 할머니가 일러둔 대로 가장 속에 입은 속치마를 산신령에게 바쳤더니, 이게 웬일이에요. 속치마가 하늘로 날아가고 갑자기 발이 생겨났어요.

황옥 공주는 왕비가 되어 은혜왕과 잘 살았어요. 그러나 황옥은 자기 나라가 무척 그리웠어요. 그때 황옥을 어릴 때부터 모셨던 거북이 다가와 구슬을 하나 주었어요. 보름달이 뜨는 날 이 구슬을 달에 비춰 보라고요. 황옥은 거북의 말처럼 해 봤어요. 그랬더니 구슬에 고향 나라가 보였어요. 황옥은 구슬을 보며 눈물을 흘렸어요.

바로 그때 황옥이 변신했어요. 시집오기 전의 모습으로 말이에요. 황옥 왕비는 바다를 마음껏 헤엄쳤어요. 그 모습이 가끔 사람들 눈에 띄었어요. 그래서 동백섬 앞바다에 '인어'가 산다는 소문이 널리 퍼졌다고 해요.

이 이야기가 황옥 공주 전설이에요. 이 전설을 바탕으로 동백섬에는 황옥 공주 인어상이 세워져 있어요.

그런데 황옥 공주와 결혼한 은혜왕의 이야기는 가야역에서 살펴보았던 금관가야의 첫 번째 왕, 김수로왕의 신화와 닮았지요? 김수로왕의 아내 허왕후의 이야기와도 똑 닮았어요. 허왕후의 이름도 허황옥이에요.

허왕후는 먼 나라 아유타국 공주였어요. 아유타국이 어디인지는 정확히 알 수 없어요. 허황옥 부모님의 꿈에 하늘 왕이 나타나 가락국(금관가야를 부르던 말) 수로왕이 하늘에서 온 신성한 사람이니 공주와 결혼시키라고 했어요. 이에 허황옥은 배를 타고 먼 길을 와 수로왕과 결혼해 금관가야의 첫 번째 왕비가 되었어요. 물론 허왕후는 인어는 아니었고요.

허왕후의 이야기는 수로왕이 왕의 힘을 강하게 하고, 나라를 발전시키기 위해 먼 나라의 세력을 받아들였던 일을 신비롭게 만든 게 아닐까 짐작해요.

자, 신비한 인어가 살았던 동백섬을 지나 다음 역으로 출발!

해운대역 — 신라 최치원의 바다 구름이 흘러가요

2호선

이번에 정차한 역은 해운대역이에요. 부산 하면 떠오르는 바닷가가 바로 해운대지요. 그 '해운대'에서 역 이름이 붙여졌어요.

'해운'은 '바다 해(海), 구름 운(雲)'이에요. 그 이름이 정해진 데는 신라의 유학자이자 글을 잘 쓰는 문장가였던 최치원의 이야기가 전해져요.
최치원이 동백섬을 돌아보다가, 경치가 무척 아름다워 동백섬 남쪽 암벽에 자신의 자, '해운'을 새겼다고 해서 붙여진 이름이에요.

여기서 잠깐, '자'는 무엇일까요? 옛날에는 이름을 소중히 여겨 함부로 부르지 않았어요. 그래서 어른이 되면 이름 대신 부르는 또 다른 이름이 있었어요. 이것이 '자'예요. 또 다른 이름 '호'도 있어요. 호는 허물없이 부르기 위해 지은 이름이에요. 조선 시대 유학자 이이를 부르는 '율곡', 이황을 부르는 '퇴계'처럼요.

그럼 최치원은 어떤 사람이어서 그의 '자'가 해수욕장의 이름이 되었을까요?
최치원은 통일 신라 때 사람이에요. 겨우 열두 살에 당(중국의 옛 나라)으로 유학을 떠나, 열여덟 살 때 당이 외국 사람들에게 보게 한 과거 시험에 합격했어요. 당에 십칠 년을 머무르면서 벼슬을 하고 뛰어난 글을 써 문장가로도 당에서 유명해졌어요.
가장 유명한 글은 '토황소격문'이에요. 반란을 일으킨 황소를 물리치기 위한 글이었어요. 최치원의 글이 얼마나 뛰어났는지, 황소가 읽다가 자리에서 떨어졌다고 전해질 정도였어요.

그 뒤, 최치원은 신라로 돌아왔어요. 그때 신라는 나라가 어지러웠어요.

최치원은 진성 여왕에게 '시무십여조'를 지어 올렸어요. 어지러워진 나라를 해결할 개혁에 관한 의견이었어요. 하지만 귀족들의 반대로 실현되지 못했어요.

이에 최치원은 신분의 한계를 느꼈어요. 6두품이었던 최치원은 귀족들을 움직일 수 없자 아예 벼슬에서 물러났어요.

신라는 태어날 때부터 정해진 신분에 따라 살아야 했어요. 아무리 훌륭한 사람도 신분에 따라 정해진 벼슬 이상으로는 올라가지 못했어요. 이는 바로 골품 제도 때문이었어요. 골품 제도에서 가장 높은 왕족은 '성골', 그다음이 '진골'이에요. 그 아래 신분은 6두품부터 1두품으로 나눠, 숫자가 낮을수록 신분이 낮았어요.

그 뒤, 최치원은 세상을 떠돌며 지냈어요. 바로 이곳 바다도 다녀갔지요. 그때 '바다의 구름'이라는 자신의 자, '해운'을 바위에 새겨 놓았어요. 최치원은 바다의 구름처럼 떠돌다가 죽었다고도 하고, 신선이 되었다는 전설도 전해져요.

자, 해운대 바다의 구름을 한번 바라보며 2호선 역사 여행은 여기까지예요. 다음은 3호선으로 갈아탑니다!

우리 동네 역의 역사

부산 2호선 지하철역 이름에는 그 이름이 붙여진 이야기들이 있어요. 우리 동네 역 이름에는 어떤 이야기가 숨어 있을까요?

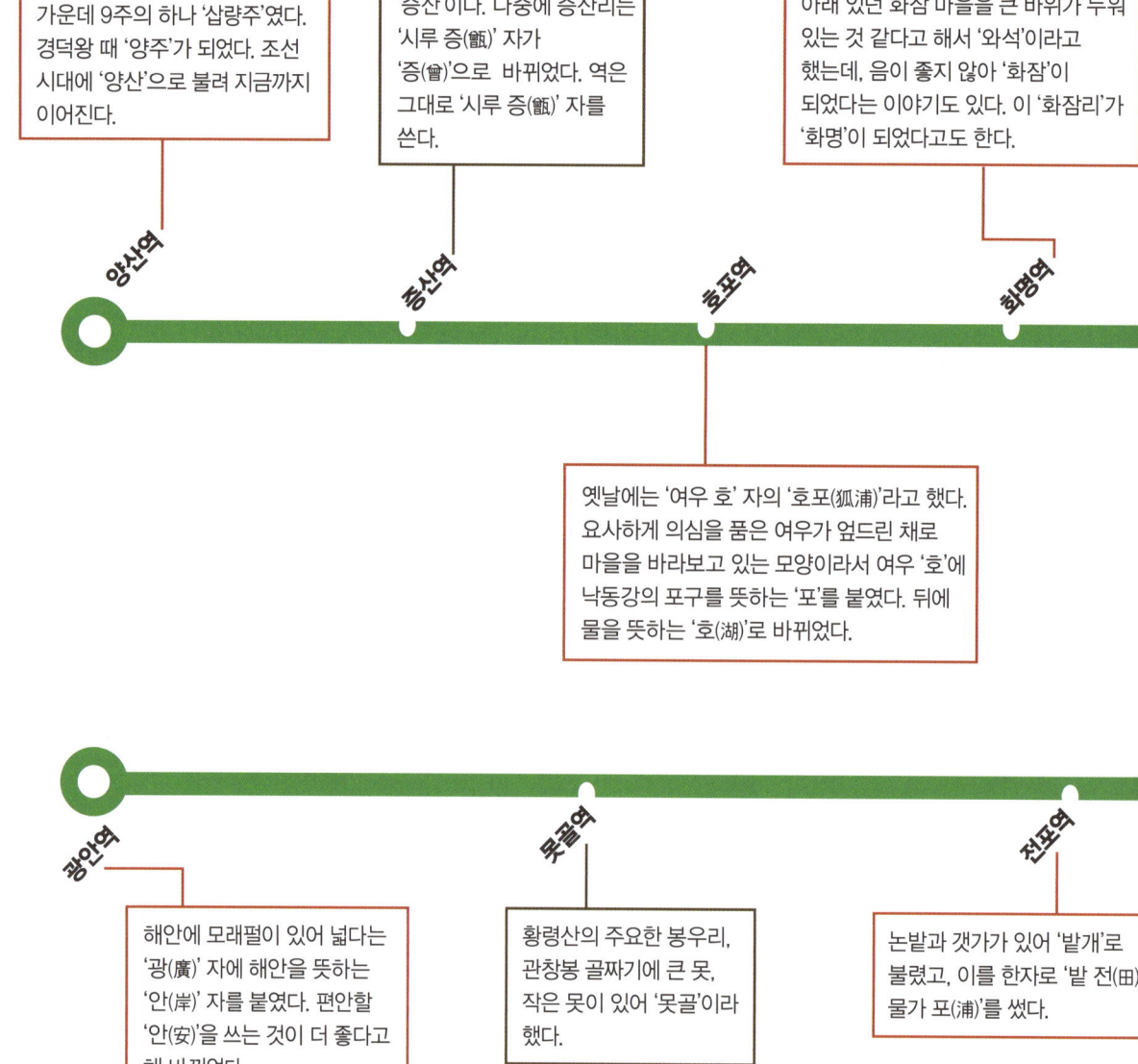

양산역: 신라 시대 행정 구역인 9주 5소경 가운데 9주의 하나 '삽량주'였다. 경덕왕 때 '양주'가 되었다. 조선 시대에 '양산'으로 불려 지금까지 이어진다.

증산역: 증산리에 있어 붙여졌다. 산 모양이 엎어 놓은 시루 같아 '증산'이다. 나중에 증산리는 '시루 증(甑)' 자가 '증(曾)'으로 바뀌었다. 역은 그대로 '시루 증(甑)' 자를 쓴다.

호포역: 옛날에는 '여우 호' 자의 '호포(狐浦)'라고 했다. 요사하게 의심을 품은 여우가 엎드린 채로 마을을 바라보고 있는 모양이라서 여우 '호'에 낙동강의 포구를 뜻하는 '포'를 붙였다. 뒤에 물을 뜻하는 '호(湖)'로 바뀌었다.

화명역: 동쪽에 있는 화산 아래 명당이라는 뜻으로 '화명'이라 했다고 한다. 화산 아래 있던 화잠 마을을 큰 바위가 누워 있는 것 같다고 해서 '와석'이라고 했는데, 음이 좋지 않아 '화잠'이 되었다는 이야기도 있다. 이 '화잠리'가 '화명'이 되었다고도 한다.

광안역: 해안에 모래펄이 있어 넓다는 '광(廣)' 자에 해안을 뜻하는 '안(岸)' 자를 붙였다. 편안할 '안(安)'을 쓰는 것이 더 좋다고 해 바뀌었다.

못골역: 황령산의 주요한 봉우리, 관창봉 골짜기에 큰 못, 작은 못이 있어 '못골'이라 했다.

전포역: 논밭과 갯가가 있어 '밭개'로 불렸고, 이를 한자로 '밭 전(田) 물가 포(浦)'를 썼다.

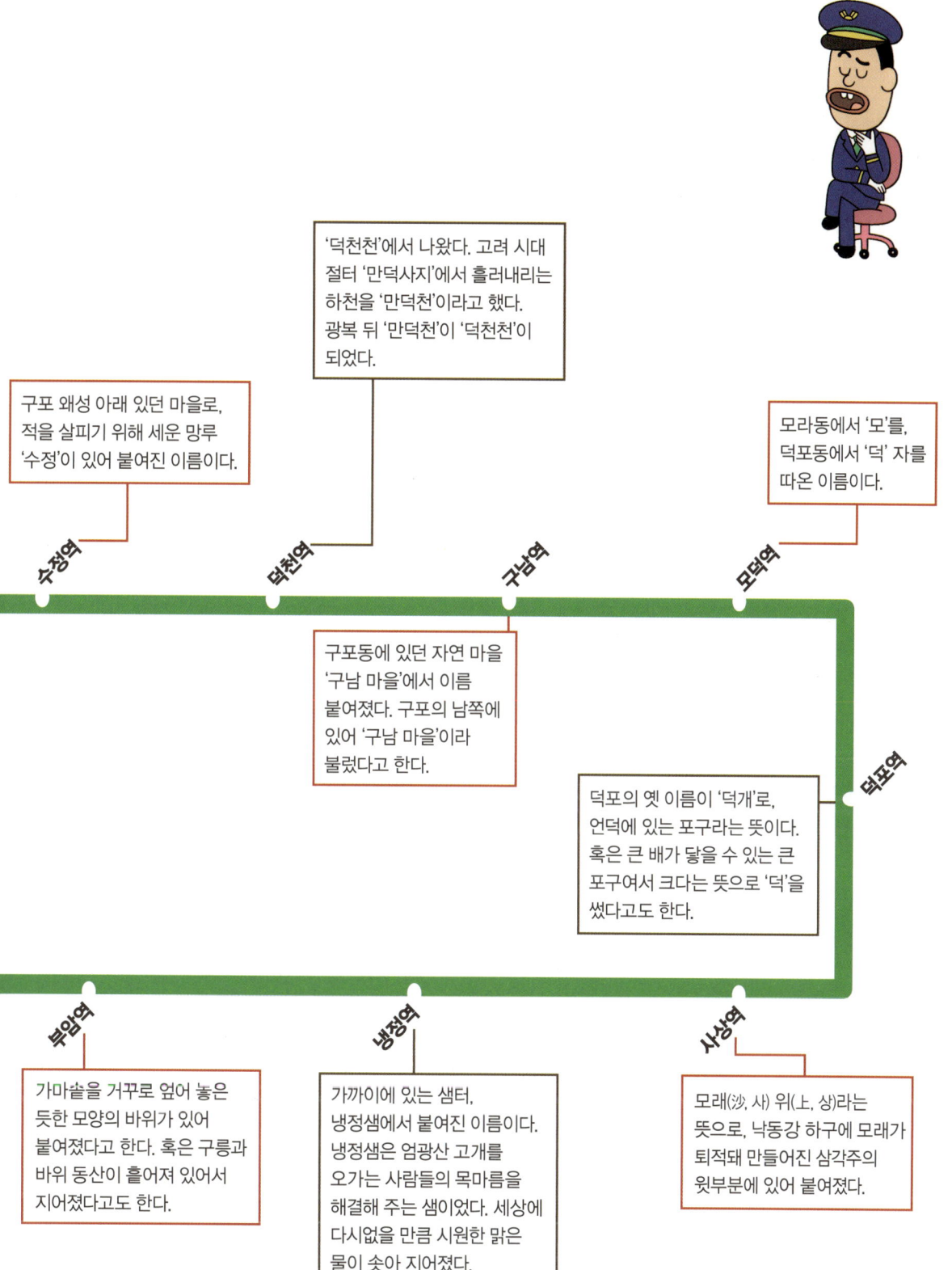

3호선

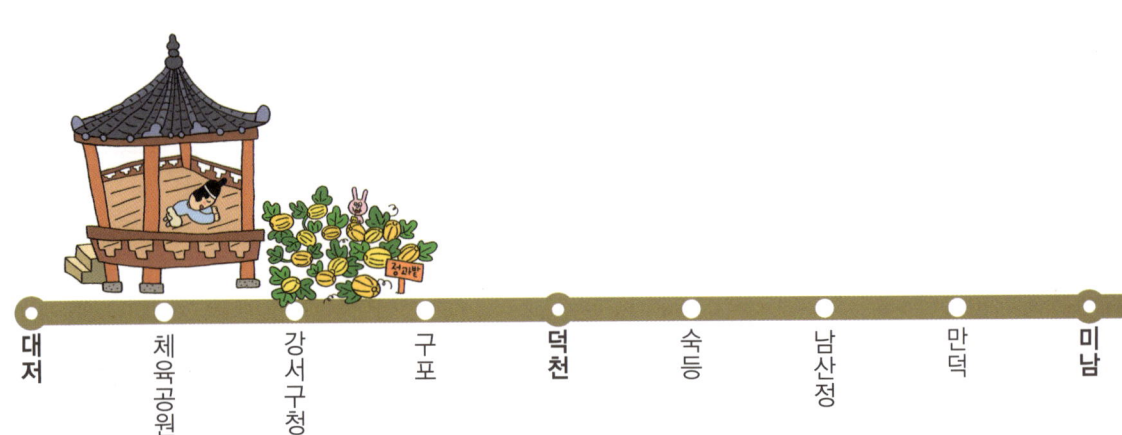

대저 — 체육공원 — 강서구청 — 구포 — **덕천** — 숙등 — 남산정 — 만덕 — **미남**

부산 지하철 3호선은 2005년부터 부산 시내 한가운데를 동서 방향으로 달려요. 대저역에서 수영역까지 한 번에 개통되었어요. 연산역에서 1호선, 덕천역, 수영역에서 2호선, 미남역에서 4호선으로 갈아탈 수 있어요.

자, 그럼 부산 지하철 3호선 역사 여행 출발할까요?

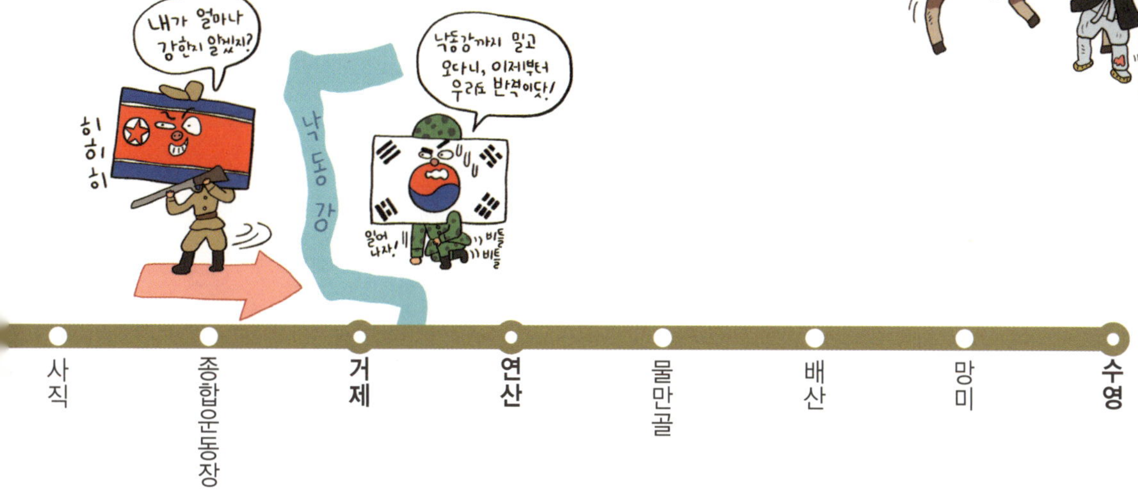

사직 — 종합운동장 — **거제** — **연산** — 물만골 — 배산 — 망미 — **수영**

구포역 — 가락국의 동쪽, 거북의 길고 긴 강물

3호선

이번 정차한 역은 구포역이에요.

'구포'는 '거뫼개'를 한자로 바꾼 이름이에요. 거북을 뜻하는 '구(龜)', 물가를 뜻하는 '포(浦)' 자예요. 거뫼개는 낙동강 물 이름인 '갑우내'에서 나왔어요.

혹은 고대의 제사인 굿을 하는 나루라는 뜻으로 '굿개'에서 '구포'가 되었다고도 전해져요.

낙동강은 부산을 남북으로 흐르는 강이에요. 강원도 태백의 함백산에서 시작해 영남 지방을 통해서 남해로 나가는 강이에요. 한반도에서 압록강 다음으로 길고, 남한에서 가장 긴 강이에요.

'낙동'이란 이름은 가락국의 동쪽에 있어서 붙여졌다고도 해요. 가락국은 가야를 이르는 말이에요.

낙동강은 우리 역사에서 아주 중요한 강이에요. 아주 먼 옛날부터 우리 조상들은 낙동강 가까이 살면서 강에서 먹을 것과 물을 얻었어요. 낙동강 주변에서 발견되는 패총이나 유적들이 이를 말해 줘요.

긴 시간이 흐른 뒤에도 우리나라는 낙동강의 도움을 받았어요. 바로 한국 전쟁 때예요. 1950년 6.25 전쟁 때, 우리 국군과 연합군(유엔)은 남침한 북한군을 막아 내기 위해서 낙동강에서 낙동강 방어 전투를 벌였어요.

국군은 북한의 갑작스러운 공격으로 남쪽으로 밀렸어요. 유엔군이 참전했지만 계속 북한군에 밀렸고, 두 달 만인 8월에 낙동강 방어선까지 후퇴했어요.

낙동강 방어선은 더 이상 물러설 수 없는 최후의 경계였어요. 국군과 연합군은 무슨 일이 있어도 북한군이 낙동강은 넘지 못하도록 하겠다는 결의를 다졌어요. 낙동강이라는 천연 장애물을 이용하자는 거였지요.

작전은 성공했어요. 부산을 점령하겠다는 북한군의 목표를 낙동강 방어선에서 막아 냈어요. 이 전투로 국군과 연합군은 방어에서 공격으로 전쟁의 분위기를 바꾸는 계기를 마련했어요. 후퇴에서 반격으로 크게 방향이 바뀌었어요.

낙동강 방어선 전투로 대한민국의 마지막 보루였던 부산을 지켜 낼 수 있었고요. 그 뒤로 미국 맥아더 장군의 인천 상륙 작전도 성공해 빼앗겼던 서울을 다시 되찾을 수 있었어요.

'구포'라는 이름에 담긴 낙동강은 우리 역사에서 큰 힘을 발휘해 준 강이에요.

자, 낙동강에 감사의 마음을 전하며 다음 역으로 출발!

역수역의 정보 플러스

낙동강에서 북한군을 막아 냈지만, 그 전에도 그 뒤에도 한국 전쟁은 많은 사람의 생명을 앗아 갔어요. 우리나라를 돕기 위해 온 유엔군의 많은 병사들도 이 땅에서 마지막을 맞이했어요. 그들을 모신 묘지가 부산에 있어요. 부산에는 한국 전쟁의 기억들이 많이 남아 있어요.

세계에서 단 하나뿐인 유엔군 묘지, 유엔 기념 공원

부산에는 유엔 기념 공원이 있다.
한국 전쟁에 참전했던 유엔군 가운데 전쟁터에서 적과 싸우다 죽음을 맞이한 전사자를 묻기 위해 만들었다.
그때 이름은 '유엔 기념 묘지'다.
전국 곳곳에 임시로 묻혀 있던 유엔군 전사자를 여기로 모신 뒤, 각자의 나라로 보내기도 하고, 이곳에 묻기도 했다.
지금은 이천삼백여 명의 무덤이 있다.
유엔군 참전 나라 가운데 이곳에 잠들기를 원한 열한 나라의 전사자와 참전자가 유엔 기념 공원에 묻혀 있다.
영국, 미국, 튀르키예, 캐나다, 호주, 네덜란드, 프랑스, 뉴질랜드, 남아공, 노르웨이 등 열 개국 전사자와 참전자, 미군에 속해 있던 한국인 전사자다.
유엔 기념 공원은 세계에서 유일하게 '유엔'이란 이름을 쓸 수 있게 허락받은 곳이다.
우리나라는 이곳을 유엔에 영구 기증했다.

모두 기억해야 할 이름

유엔 기념 공원에 있는 '유엔군 전몰장병 추모명비'는 한국 전쟁에서
전사한 유엔군을 추모하기 위해 세웠다.
'추모'란 죽은 사람을 그리며 생각하는 것을 말한다.
이 추모비에는 한국 전쟁에 참전한 유엔군 전사자의 이름
하나하나가 모두 새겨져 있다.

천 일의 수도, 부산

북한의 남침으로 한반도에 1950년 6월 25일 새벽, 한국 전쟁이 일어났다.
전쟁이 나고 삼 일 만에 서울을 북한군에 빼앗겼다.
정부는 1950년 8월 18일, 수도를 부산으로 옮겼다.
1950년 인천 상륙 작전의 성공으로 9월 28일 구십 일 만에 서울을 되찾았다.
중공군이 참전하면서 다시 서울을 빼앗겼다. 1·4후퇴다.
이때 정부는 다시 수도를 부산으로 옮겼다.
그 뒤, 전쟁이 끝날 때까지 부산은 임시 수도였다.
부산은 전쟁 중 약 천 일 동안 대한민국의 수도였다.

일어나자!

만덕역
떼를 지어 넘는 고개, 큰 덕을 주는 고개

3호선

이번에 정차한 역은 만덕역이에요. 만덕동에 있어요.

옛날 이곳에 만덕사라는 절이 있었다고 전해져요. 옛날에 절이 있었던 터, 만덕사지를 보면 아주 큰 절이었을 것으로 추측해요. 이 큰 절은 사라지고, 지금은 터만 남아 '만덕사지'라고 해요. 만덕사는 임진왜란 때 없어졌다고 짐작해요.

'만덕'이란 이름이 생겨난 데는 여러 가지 이야기가 전해져요.
첫 번째 이야기예요. 만덕사가 있던 고개는 장사를 하는 상인들이 오가는 중요한 길목이었대요. 여기에 상인들을 노리는 도둑들이 많아 고개를 넘으려면 많은 사람이 떼를 지어 넘었다고 해요. 그래서 많다는 뜻으로 '만', 넘는다는 뜻의 '등'으로 '만등 고개'라고 부르다 '만덕'으로 변했다고 전해져요.

　두 번째 이야기는 임진왜란과 관계가 있어요. 임진왜란 때예요. 피난 온 백성들이 전쟁이라는 무서운 재앙을 피해 와, 이곳 '덕'분에 살 수 있었다고 해서 '만덕'이라 했다는 이야기도 전해져요.

　세 번째 이야기는 고려 충혜왕의 아들, 석기에 관한 이야기예요. 고려의 역사책 『고려사』와 『고려사절요』를 보면, 공민왕이 충혜왕의 서자인 석기를 만덕사에 유폐시켰다고 해요. '유폐'란 한 곳에 가두는 벌을 말해요.
　원나라와 친한 세력들이 충혜왕의 아들인 석기를 왕으로 세우려는 음모를 꾸몄고, 이를 미리 안 공민왕이 석기를 만덕사로 보냈던 거예요.

125

여기서 한 발 더 나아가 고려 왕들의 이름에 얽힌 역사에 관해 알아봐요. 고려는 474년 동안 서른네 명의 왕이 다스린 나라예요. 그 가운데 여섯 왕 이름에만 '충' 자가 붙어요. 충렬왕, 충선왕, 충숙왕, 충혜왕, 충목왕, 충정왕이에요.

고려는 삼십여 년 동안 수차례 몽골의 침입을 받았어요. 고려의 도읍을 개경에서 강화도로 옮길 정도로 침략이 심했어요. 그러다 결국 두 나라는 강화를 맺고 전쟁을 끝냈어요. 여기서 '강화'는 '강화도'의 강화가 아니에요. 싸우던 두 나라가 싸움을 그치고 평화로운 상태가 되는 일을 말해요.

강화를 맺으면서 몽골은 고려 왕에게 개경으로 돌아오고, 몽골을 높은 나라로 받들라고 요구했어요.

고려는 왕조와 나라는 지켜 냈지만, 원나라가 된 몽골의 간섭을 받아야 했어요. 이때를 '원 간섭기'라고 해요. 왕이 누구로 이어질 것인지도 원이 정했어요. 왕자들은 원에 인질로 잡혀가야 했고, 원의 공주와 결혼해 고려는 원나라 사위의 나라가 돼야 했어요.

이렇게 원 간섭기에 원나라는 원에 충성한다는 뜻을 담아 고려 왕들 이름 앞에 '충' 자를 쓰게 했어요. 그래서 여섯 왕의 이름에 '충' 자가 붙었어요.

세계에 이르는 넓은 땅을 정복했던 몽골, 원나라도 시간이 지나자 힘이 약해졌어요. 공민왕은 이런 움직임을 잘 활용해 고려가 원의 간섭에서 벗어나도록 노력했어요. 고려의 전통을 되살리기 위해서 그때 유행하던 몽골식 옷차림, 머리 모양들을 못 하게 했어요. 또한 원이 관청을 두고 직접 다스렸던 고려의 땅을 되찾기 위해 애썼어요. 왕의 힘을 키우는 노력도 했어요. 공민왕 때부터 다시 왕의 이름에 '충' 자도 없어졌지요.

만덕역에서 만덕사 이야기로 고려의 공민왕까지 역사 전철 잘 달려 봤지요?
자, 이야기 역을 지나 다음 역으로 출발!

사직역
땅 신, 곡식 신이여, 백성을 살펴 주소서

이번에 정차한 역은 사직역이에요. 사직동에 있어 '사직'역이에요.

터만 있던 이곳의 사직단이 2021년에 원래 모습대로 새롭게 지어졌어요.
'사직'이란 국토를 지켜 주고, 곡식이 잘되기를 바라며 신에게 제사를 지내던 곳이에요. '사(社)'는 토지의 신, '직(稷)'은 곡식의 신을 말해요. 우리나라의 왕들은 사직단을 만들어 백성들이 편안하기를 바랐어요.

땅이 없으면 나라도 없지요. 곡식이 없으면 백성은 굶어 죽겠지요. 그러니 나라는 땅과 곡식이 아주 중요했어요. 그래서 이들 신에게 잘 살펴 달라고 제단을 쌓고 제사를 올렸어요.
신라 선덕왕이 처음 사직단을 세웠다는 기록이 있어요. 그 뒤에 고려는 성종 때, 조선은 태조 때부터 사직단을 세웠어요.

조선은 나라를 세우고 나서, 임금이 일하고 가족들과 살 궁을 지었어요. 또한 왕실 조상들의 위패를 모시는 종묘와 사직에 제사를 올리는 사직단을 만들었어요. 왕실과 나라를 통틀어 이르는 '종묘사직'이란 말은 여기서 나왔어요.

또한 전국의 군현에도 사직단을 두고 지방관들이 제사를 올리게 했어요. 그만큼 땅과 곡식은 백성들의 삶을 지켜 주는 중요한 것이었으니까요. 부산의 사직단에서는 동래 부사가 땅 신, 곡식 신에게 제사를 올렸어요.

자, 우리도 조상님들을 따라 사직에 기도를 드리며 다음 역으로 출발!

종합운동장역
아시아를 하나로, 세계를 하나로

3호선

이번에 정차한 역은 종합운동장역이에요. 가까이에 부산 종합 운동장이 있어 붙여진 이름이에요.

부산 아시아드 주경기장을 비롯해 사직 야구장 등 여러 스포츠 경기장이 있어요.

2002년에 이곳에서 제14회 아시안 게임이 열렸어요. "아시아를 하나로, 부산을 세계로"라는 표어 아래 열린 대회예요. '아시안 게임'이란 아시아 사람들의 단결과 평화, 우정을 다지기 위해 마련한 스포츠 대회예요. 사 년에 한 번씩 올림픽 중간 해에 열려요.

부산 아시안 게임에서 우리나라는 종합 2등을 했지요. 한반도가 남과 북으로 나뉜 뒤, 우리나라에서 열리는 국제 대회에 북한이 처음으로 큰 규모로 참가한 대회이기도 해요.

2002년에는 월드컵 대회도 우리나라에서 열렸어요.
이 대회 역시 올림픽 중간 해에 열리며, 사 년에 한 번씩 열리는 세계 선수권 대회예요. 올림픽이나 아시안 게임은 여러 종목의 스포츠 경기가 있지만, 월드컵은 축구 경기만 하는 대회예요.

제17회 월드컵은 한국과 일본이 공동으로 열었어요. 한국과 일본의 각각 열 개 도시에서 축구 경기가 있었어요. 우리나라에서는 서울, 부산, 대구, 인천, 광주, 대전, 울산, 수원, 전주, 서귀포에서 경기가 있었어요.
응원단 '붉은 악마'뿐 아니라 수많은 사람들이 붉은 옷을 입고, 거리에서 힘차게 응원하는 모습이 전 세계에 화제가 되기도 했어요.
이 대회에서 한국은 아시아 최초로 4강에 올랐어요.

2018년에는 강원도 평창에서 동계 올림픽이 열렸어요. 올림픽은 여름에 열리는 대회이고, 동계 올림픽은 겨울에 열리는 올림픽이에요.

그보다 먼저 우리나라에서 열린 세계 스포츠 대회가 있어요. 1986년 서울 아시안 게임과 1988년에 열린 서울 올림픽이에요. 서울 올림픽은 우리나라 정치, 경제 발전과 고유한 우리 문화를 전 세계에 알리는 첫 대회였어요. 또한 공산 국가들도 많이 참가해 세계 평화에 이바지하기도 했지요.

부산 아시안 게임을 비롯해 서울 아시안 게임, 인천 아시안 게임, 서울 올림픽, 한일 월드컵 대회, 평창 동계 올림픽이라는 큰 국제 대회는 또 다른 의미도 있었어요. 온 나라가 망가졌던 6.25라는 큰 전쟁을 겪었던 나라가 그 전쟁의 아픔을 잘 이겨 내고 세계 사람들을 초대한 국제 대회였다는 점이에요.

자, 자랑스러운 대한민국을 다시 한번 느끼며 다음 역으로 출발!

망미역 임금이 있는 곳을 향해 절을 올려요

이번에 정차한 역은 망미역이에요. 망미동에 있어요.
'망미'란 이름이 지어진 데는 여러 가지 이야기가 전해져요.

첫 번째는 배산과 관계가 있어요. 배산의 기슭에는 배미산신을 모시는 성황당이 있는데, 사람들은 이 산을 '배미산', '잘미산'이라고 불렀대요. 그리고 수영동과 망미동 사이에 있는 산이 '망산'이어서 망산의 '망'과 배미산의 '미'를 합쳐 '망미'가 되었다고 해요.

또 다른 이야기도 있어요.
좌수영의 수군절도사가 초하루(매달 첫째 날)와 보름(음력으로 15일)에 임금이 있는 쪽을 향해서 절을 하는 망배를 올렸다고 해요. '망배'는 바라본다는 '망(望)', 절을 한다는 '배(拜)'를 써요.
그래서 임금을 사모한다는 뜻으로 '망미인'이란 말을 써, 이곳이 '망미'가 되었다고 해요. 옛 벼슬아치들은 임금을 존경하고 모셔야 한다고 여겼어요.

임금을 향해 절을 올렸다는 다른 사람의 이야기도 전해져요.
고려 시대 벼슬을 하던 정서라는 사람이 이곳 지역에 귀향살이를 왔어요.
'귀향'은 돌아간다는 뜻의 '귀(歸)', 시골이나 고향을 뜻하는 '향(鄕)'이에요. 지금은 자신이 태어나 자란 곳으로 간다는 뜻으로 쓰이지만, 옛날에는 다른 의미였어요. 고려 시대 때는 벼슬에서 내려오게 하고 본관, 즉 고향으로 떠나보내는 벌이었어요.
조선 시대에는 '귀양'이라고 했고, 이때는 자신의 고향이 아니라 외딴곳이나 중앙에서 먼 곳으로 보냈어요. 죄의 무겁고 가벼움에 따라서 무거운 죄면 더 먼 곳으로 보내는 벌이었어요.

 정서가 귀향을 와서 매달 보름과 음력으로 마지막 날인 그믐에 임금에게 망배를 올렸다고 해서, 이곳의 이름이 '망미'가 되었다고도 전해져요.
 귀향을 온 정서는 정자를 짓고 참외를 키우며 스스로 호를 '과정'이라 했어요. 오이나 참외를 뜻하는 '과(瓜)', 정자 '정(亭)' 자예요. 이렇게 지내면서 왕의 부름을 기다리며 왕을 그리는 마음을 노래로 지었어요.

 이 노래를 나중 사람들이 정서의 호를 따서 '정과정곡'이라 했어요. 지금까지 전해지는 고려 때 지어지고, 우리말로 전해지는 고려 가요 가운데 누가 지었는지를 확실하게 아는 유일한 시예요.

고려 시대와 조선 시대에는 시골로 가는 일이 벌이었어요. 왕에게서 멀어지고 벼슬에서 쫓겨나는 뜻이 더 강하게 담긴 벌이었지요.

옛날에는 어떤 벌이 있었을까요?

고려 시대와 조선 시대에 죄를 지으면 받는 벌을 '오형 제도'라고 했어요. 다섯 가지 형벌이지요.

첫째, '태형'은 우리가 사극에서 많이 본 곤장을 치는 벌이에요. 죄인의 볼기를 나무로 만든 몽둥이 같은 도구로 때렸어요. 죄가 무거우면 많이, 적으면 적게 쳤어요.

두 번째, '장형'은 태형보다 무거운 형벌로, 이 역시 볼기를 치는데 더 큰 몽둥이로 쳤어요. 때리는 수도 많았지요.

세 번째는 '도형'이에요. 몸이 많이 힘든 일을 하는 벌로, 죄의 무겁고 가벼움에 따라 일 년에서 삼 년까지 해야 했어요.

네 번째가 '유형'이에요. 유배, 즉 귀양살이를 보내는 벌이지요. 죄인을 먼 섬이나 살기 힘든 곳으로 보냈어요. 죄인은 그곳에서도 마음대로 돌아다니지 못하고 정해진 곳에서 지내야 했어요.

다섯 번째가 '사형'이에요. 가장 무거운 벌로, 목숨을 끊는 벌이지요.

더 옛날로 가면, 고조선의 '팔조법금(팔조금법, 금법팔조)'이 있어요. 들어 봤나요? 여덟 개의 법이란 뜻이지요. 지금은 세 가지 항목만 전해져요.

'사람을 죽이면 사형에 처한다. 다른 사람을 다치게 하면 곡식으로 갚아야 한다. 남의 물건을 훔친 사람은 노비로 삼는다. 그 죄를 달리 갚고자 하면 돈을 내야 한다.'이지요.

먼 옛날 고조선에도 이런 법과 벌이 있었어요. 물론 삼국 시대의 나라들에도 법과 벌이 있었고요.

벌이 있다는 것은 법이 있다는 뜻이고, 법이 있다는 것은 질서가 있다는 뜻이기도 하지요. 우리 조상들은 먼 옛날부터 법을 두고 죄를 지은 사람은 죗값을 치르게 했어요. 그래서 죄를 저지르지 않고 살아가게 했지요.

자, 망배를 올렸던 망미역을 뒤로하고 다음 역으로 출발!

수영역 동쪽이 왼쪽 좌도, 서쪽이 오른쪽 우도라고?

이번에 정차한 역은 수영역이에요. 2호선에서도 정차했던 역이지만 3호선에서 다시 한번 정차합니다.

수군절도사영이 있던 곳이라 '수영'이라고 했지요. 다시 복습해 보면, '수영'은 경상좌도 '수군절도사영'을 간략하게 줄인 말이라고 했지요.

조선 시대에 경상도의 행정 구역을 동·서로 나누었을 때, 경상좌도는 경상도 동부 지역을, 경상우도는 서부 지역을 말해요. 전라도 역시 동부 지역이 전라좌도, 서부 지역이 전라우도예요. '왼쪽 좌(左)', '오른쪽 우(右)'를 써서요.

앗, 지도를 놓고 보면 동부가 오른쪽이고, 서부가 왼쪽인데 반대로 지었다고요? 왜 그랬을까요?

조선의 도읍인 한양에 있는 왕이 남쪽을 바라봤을 때 동부가 왼쪽이고, 서부가 오른쪽이기 때문이에요. 이렇게 조선 시대에서는 왕을 중심으로 놓고 오른쪽, 왼쪽을 정했어요.

왕이 보는 것에 따라서 정해진 말이 또 있어요. 바로 '양반'이란 말이에요.

신하들이 모두 모여 정전에서 왕에게 문안을 드리고 나랏일을 의논하는 조회 때, 남쪽을 향해 앉은 왕이 볼 때 동쪽에는 문반(문관)이, 서쪽에는 무반(무관)이 늘어섰어요. 이 두 반열을 합쳐서 둘이라는 뜻의 '양(兩)'을 써 '양반'이란 말이 생겨났어요. 그러다 나중에는 양반의 가족들까지도 모두 양반으로 불리게 되었어요.

그럼 '문관'은 무엇이고, '무관'은 또 뭘까요? 관리가 되기 위해 치르는 과거 시험에서 문관은 글로 시험을 치는 문과에 합격한 관리를 말해요. 무관은 지금으로 하면 군인으로, 무과에 합격한 관리이지요. 각 도를 다스리는 관찰사 같은 사람들은 문관이에요. 이순신 같은 수군절도사는 무관이지요.

이순신이 무과를 치를 때 이야기가 전해져요.
이순신은 어려서부터 나무를 깎아 화살을 만들고 전쟁놀이를 했대요. 자라면서는 활을 잘 쏘고 말타기를 좋아했다고 해요. 그래서 무장이 되는 무과를 보려고 마음먹었지요.
스물여덟 살이 되는 해에 무과 시험을 치렀는데, 시험장에서 달리던 말이 거꾸러지는 바람에 말에서 떨어져 발을 다치고 말았어요. 시험에서는 당연히 떨어졌지요. 그 뒤로 계속 무예를 닦아 사 년 뒤에 치러진 무과 시험에 합격해 무관이 되었어요.
이처럼 무과에서는 활쏘기, 말타기 같은 무예 시험을 치렀어요.

다시 양반으로 돌아가면, 고려 초까지만 해도 양반은 말 그대로 문관과 무관을 부르던 말이었어요. 그러나 점차 양반은 신분이 되었어요. 조선 시대에 양반은 신분 가운데 가장 높고 특권을 누리는 지배층이 되었어요.

원래 조선의 신분 제도는 법으로는 양인과 천민, 둘로 나눈 '양천제'였어요. 양인은 자유롭고, 모두 벼슬길에 나갈 수 있어요. 천민은 물건처럼 양인의 재산 취급을 받는 노비들이었어요.
그러나 실제로는 신분이 더 나뉘어 양반, 중인, 상민, 천민으로 나누어졌어요. 양천제로 하자면 양반, 중인, 상민이 모두 양인이에요.
양반만 벼슬에 나갔고, 중인은 양반 아래서 일하는 사람들이나 의학, 법률, 역학을 공부해 낮은 관리가 되었어요. 거의가 높은 지위에는 오르지 못해요.

　상민은 농민들이 가장 많았어요. 상민들은 일을 해야 하니 공부를 할 수 없어 과거 시험을 볼 엄두도 못 냈지요.
　이런 신분은 태어날 때부터 부모의 신분에 따라서 정해졌어요.

　자, 씩씩한 무관이 있던 수영에서 3호선 역사 여행을 마치고, 다음은 4호선으로 갈아탑니다.

우리 동네 역의 역사

부산 3호선 지하철역 이름에는 그 이름이 붙여진 이야기들이 있어요. 우리 동네 역 이름에는 어떤 이야기가 숨어 있을까요?

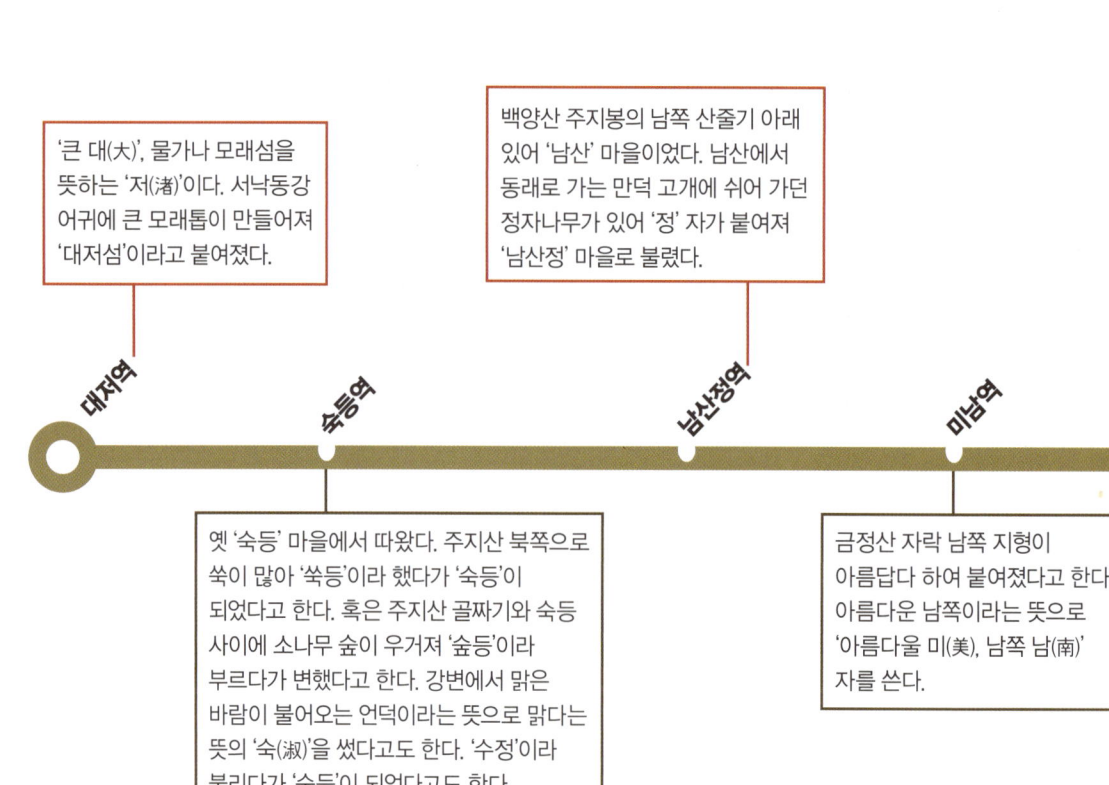

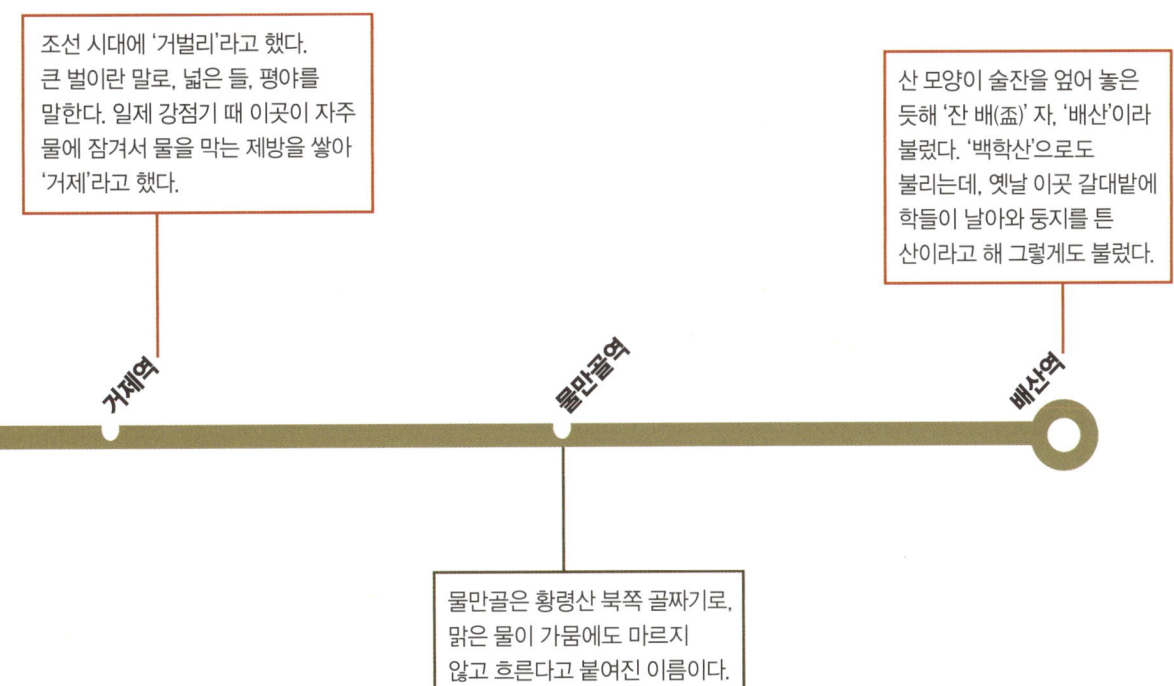

조선 시대에 '거벌리'라고 했다. 큰 벌이란 말로, 넓은 들, 평야를 말한다. 일제 강점기 때 이곳이 자주 물에 잠겨서 물을 막는 제방을 쌓아 '거제'라고 했다.

산 모양이 술잔을 엎어 놓은 듯해 '잔 배(盃)' 자, '배산'이라 불렀다. '백학산'으로도 불리는데, 옛날 이곳 갈대밭에 학들이 날아와 둥지를 튼 산이라고 해 그렇게도 불렀다.

거제역 · 물만골역 · 배산역

물만골은 황령산 북쪽 골짜기로, 맑은 물이 가뭄에도 마르지 않고 흐른다고 붙여진 이름이다.

4호선

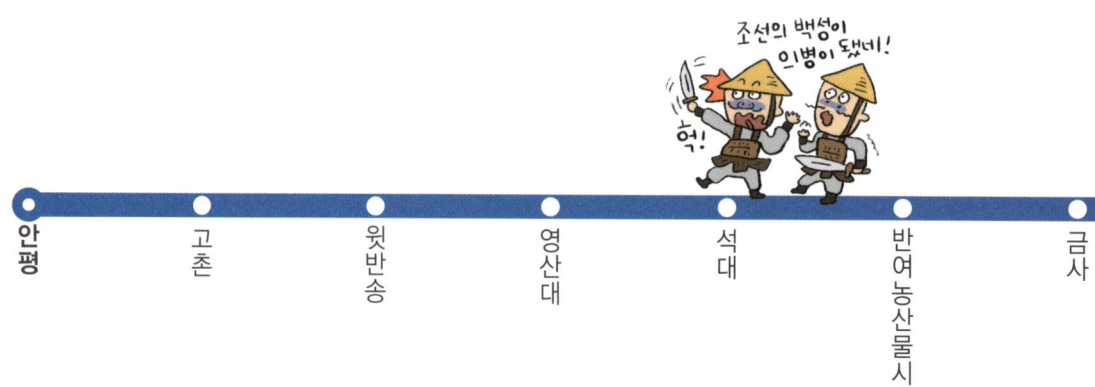

안평 · 고촌 · 윗반송 · 영산대 · 석대 · 반여농산물시장 · 금사

부산 지하철 4호선은 2011년에 개통했어요. 4호선도 한 번에 안평역에서 미남역까지 열네 개의 역이 개통되었어요. 4호선은 우리나라 최초의 경전철로, 사람이 운전하지 않는 무인 자동 운전 시스템이에요. 동래역에서 1호선으로, 미남역에서 3호선으로 갈아탈 수 있어요.
자, 그럼 부산 지하철 4호선 역사 여행 출발할까요?

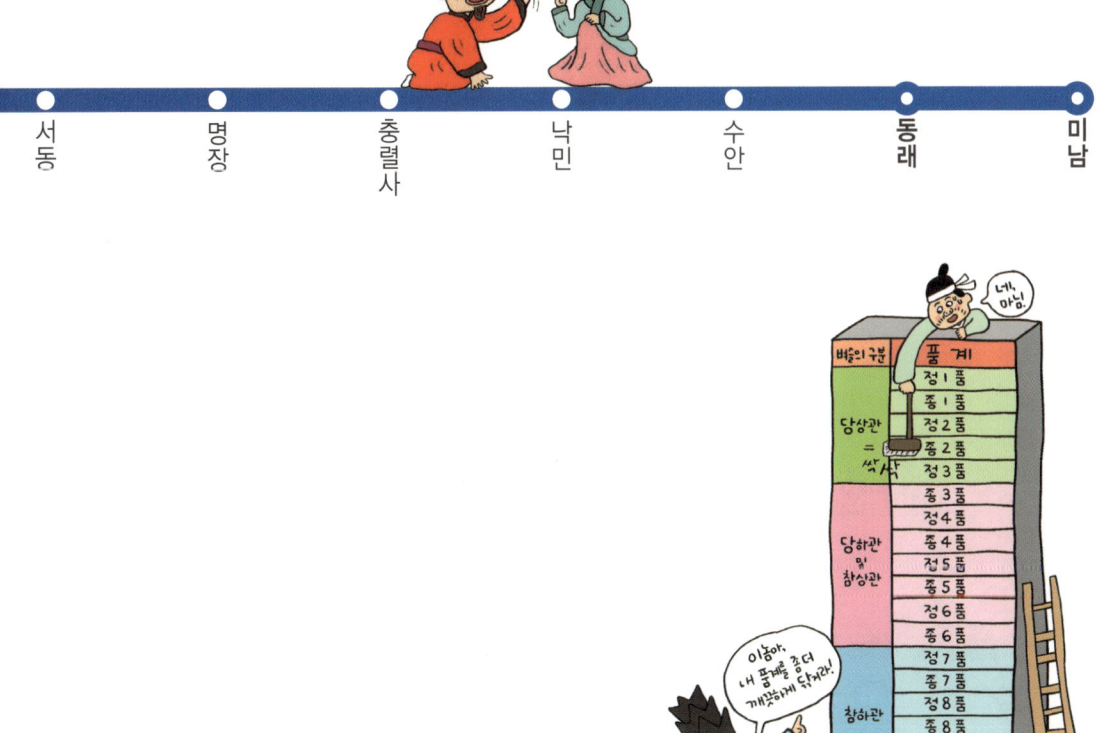

4호선

고촌역 옛 마을이 전하는 고려장 이야기

　이번에 정차한 역은 고촌역이에요. 기장군 철마면 '고촌리'에서 붙여진 이름이라고 전해져요.
　'고촌'은 오래되었다는 '고(古)', 마을 '촌(村)'으로, 오래된 마을이라는 뜻이에요. 혹은 마을 앞에 진달래가 활짝 피면 마을이 꽃동산이 되어 '꽃촌'이라 불렀는데, 이 말이 '고촌'이 되었다고도 해요.

　고촌리에 고분군이 있어요. 4세기 말에서 6세기 것으로 보이는 유물들이 나왔어요. 또한 이 고분군은 옛날부터 '고려장 터'라고 전해 내려오고 있어요.

　그럼 '고려장'이란 무엇일까요? 전해 내려오는 고려장 이야기를 들어 보면 알 수 있어요.

옛날에 늙은 부모를 산에 버리는 풍습이 있었대요. 이를 고려장이라 했어요.

한 아들이 아버지가 늙자, 고려장을 하려고 지게에 앉혀 등에 지고 산으로 갔어요. 아들은 아버지를 내려놓고 지게도 버리고 산을 내려갔어요.

그런데 산을 내려가다 보니 따라왔던 손자, 그러니까 아들의 어린 아들이 그 지게를 도로 지고 오는 거예요.

"아니, 그 지게는 버렸는데, 왜 지고 오느냐." 하고 묻자, 어린 아들이 대답했어요.

"저도 아버지가 늙으면 이 지게에 지고 와 버려야 하잖아요."

그 말을 듣고, 아들은 크게 뉘우치며 다시 돌아가 아버지를 모셔 와 잘 받들었다고 해요. 그때부터 고려장은 사라졌다는 이야기가 있어요.

두 번째 이야기도 있어요.

부모가 늙으면 산에 버리라고 나라 법으로 정해져 있었어요. 고려장이지요. 그런데 어떤 관리가 늙은 어머니를 고려장할 때가 되었으나 차마 그럴 수 없었어요. 그래서 어머니를 몰래 숨겨 두고 모셨어요.

그러던 어느 날 큰 나라에서 어려운 문제를 주고는 맞히라 했어요. 하지만 어떤 관리도 문제를 맞히지 못해 온 나라가 걱정을 했어요. 큰 나라가 이를 핑계로 해코지를 할까 봐 두려웠던 거예요.

그때 어머니를 숨겨 두었던 관리가 고민하다가 문제를 들고 늙은 어머니에게 물었어요.

문제는 셋이었어요. 두 마리 말 가운데 어미와 새끼를 구별하기, 나무토막의 위아래 구별하기, 코끼리의 무게 알아내기였어요.

어머니는 문제를 듣고 바로 답을 알려 주었어요.

"말에게 먹이를 주면 먼저 먹는 쪽이 새끼다. 어미 말은 틀림없이 새끼를 위해 양보할 테니까. 두 번째, 나무토막은 물에 담그면 윗부분이 뜨니 위아래를 구별할 수 있어. 세 번째, 물 위의 배에 코끼리를 태워 배가 잠기는 곳을 표시해 두어라. 코끼리를 배에서 내리고, 배가 같은 높이로 잠길 때까지 돌을 실어. 그런 다음 그 돌의 무게를 달아 보면 코끼리 무게를 알 수 있단다."

관리는 어머니가 알려 준 대로 임금에게 말했어요. 정답이었어요.

임금은 나라의 위기를 물리친 관리에게 큰 상을 내리겠다고 했어요. 그러자 관리는 하는 수 없이 법을 어기고 어머니를 숨겨 두었다고 고백했어요. 문제의 답도 어머니가 알려 주었다고 말했어요.

그 사실을 안 임금은 노인의 지혜가 얼마나 소중한지를 깨닫고 고려장을 없앴다고 전해져요.

그렇다면 정말 고려장이 있다가 없어졌을까요? 아니에요. 그 이름 때문에 마치 고려의 풍습처럼 여겨지지만, 역사 기록 어디에도 고려장 풍습은 없어요. 유적이나 유물을 통해서도 확인된 것이 없어요.

일제 강점기에 고려장 이야기가 설화책이나 동화책에 실리면서, 고려장이 정말로 있었던 것처럼 여겨졌을 뿐이에요. 게다가 고려장의 설화는 우리나라뿐 아니라 세계 여러 나라에 있다고 해요.

고려 시대에는 아들딸이 부모를 제대로 모시지 않으면 불효죄가 되고, 법으로 다스릴 정도로 효도를 중요하게 여겼어요. 그러니 당연히 고려 사람들이 살아 있는 부모를 버릴 리가 없었지요.

자, 오래된 꽃동네에서 내려오는 옛이야기를 지나 다음 역으로 출발!

윗반송역 소나무처럼 꼿꼿한 의병들이 일어나다

4호선

이번에 정차한 역은 윗반송역이에요. 반송동에 있어요.

이 역 이름은 반송 2동에 있던 옛 마을 이름, '윗반송'에서 붙여졌어요. '반송'이란 이름은 이곳에 키가 작고 가지가 가로로 뻗어 옆으로 퍼진 소나무, 반송이 많아서 붙여졌다고 해요. 작은 밥상을 말하는 소반 '반(盤)', 소나무 '송(松)'이에요. 옆으로 퍼진 소반 모양의 소나무란 뜻이지요.

반송동에는 반송 삼절사가 있어요. '삼절'이란 나라 위해 목숨을 바친 세 사람을 일컬어요. 반송 삼절사는 임진왜란 때 왜를 물리치기 위해 목숨을 바친 남원 양씨 세 사람의 위패를 모신 곳이에요.

삭녕 군수로 성을 지키다 죽은 양지, 동래 향교의 유생으로, 동래 향교에 모셔진 성현들의 위패를 성안으로 모셔 놓고 죽은 양조한, 양조한의 동생으로, 두 아들과 함께 의병 활동을 했던 양통한을 모신 사당이지요.

양통한은 형이 전쟁으로 죽자 의병이 되기로 결심했어요. 왜군에게 빼앗겼던 여러 성을 되찾았고, 정유재란이 일어나자 아들 둘을 데리고 곽재우와 의병 활동을 했어요.

곽재우는 임진왜란 의병 가운데 가장 유명하지요. 붉은(紅, 홍) 옷(衣, 의)을 입고 의병을 지휘하며 스스로를 '홍의 장군'이라고 했어요. 진주성 전투와 화왕산성 전투에서 크게 활약했어요. 화왕산성 전투에 반송 삼절 가운데 한 사람, 양통한도 참여했지요.

그럼 '의병'이란 무엇일까요? 나라에 외적이 쳐들어오거나 나라가 위태로울 때, 나라의 부름이 없어도 백성들이 스스로 군대를 만들어 싸운 일을 말해요. 올바르다, 의롭다는 '의(義)', 병사 '병(兵)', 그러니까 의로운 병사들이에요.

임진왜란 때 온 나라 이곳저곳에서 의병이 일어났어요. 왜군보다 우리 지리를 잘 아는 점을 이용해서 숨었다 갑자기 공격하는 전술로 왜군을 무찔렀어요.

왜군은 조선의 백성들이 나라에서 시키지도 않았는데 스스로 일어나 싸울 줄은 생각도 못 했어요. 그래서 의병은 임진왜란을 막아 낸 큰 힘이었어요.

시간이 한참 지난 뒤에 조선 말, 대한 제국 때도 의병들이 활약했어요. 일제에 맞서 민족의 자존과 자주를 지키고자 의병이 일어났어요. 일제가 고종의 왕비 명성 황후를 죽인 을미사변과 상투를 자르라는 단발령에 화가 난 백성들이 '을미의병'을 일으켰어요.

일제가 우리의 외교권을 빼앗은 을사늑약을 강제로 맺었을 때는 '을사의병'이 일어났어요. 신돌석 같은 백성들이 항일 운동을 펼쳤어요.

고종이 을사늑약을 세계에 알리기 위해 헤이그에 특사를 보냈다고 일제가 고종을 강제로 왕의 자리에서 내려오게 하자 '정미의병'이 일어났어요. 이들의 정신은 훗날 독립군의 독립 투쟁으로 이어졌어요.

자, 삼절사를 향해 충성, 충성, 인사를 올리며 다음 역으로 출발!

충렬사역 나라를 위해 목숨을 바친 열사들이여

이번에 정차한 역은 충렬사역이에요. 가까이 충렬사가 있어 붙여졌어요.

'충렬'이란 나라를 위해 '충'성을 다해 싸운 '열'사를 뜻하는 말이에요. 외적이 쳐들어올 때마다 목숨을 바쳐 충성을 다해 싸운 사람들이 많은 우리나라는 곳곳에 '충렬사'라는 이름이 붙은 곳이 있어요.

이곳에 있는 충렬사는 임진왜란 때 왜군과 싸우다 전사한 송상현, 정발을 비롯해 부산에서 나라를 위해 목숨을 바친 분들을 모신 곳이에요.

송상현 동래 부사는 1호선 동래역에서 만나 봤지요. 싸워 죽기는 쉬워도 왜군에게 길을 열어 주기는 어렵다며 죽음을 맞이했던 분이지요.

정발은 부산진첨절제사라는 벼슬을 하던 무관이었어요. 임진왜란 때 왜군의 공격을 가장 먼저 맞닥뜨린 장수였어요. 정발과 부산진의 군사들과 백성들은 왜군에 맞서 싸웠지만, 워낙 군사 수가 부족해 막아 내지 못했어요. 정발도 끝까지 싸우다 죽음을 맞이했어요. 정발은 검은 옷을 입고 싸워서 '흑의 장군'이라고 불렸다고 전해져요.

임진왜란이 끝난 뒤, 동래부사가 송상현을 기리기 위해 '송공사'라는 사당을 지어 해마다 제사를 올렸어요. 그 뒤, 나라에서 임금이 직접 '충렬사'라는 이름을 내렸어요. 송상현의 시호도 '충렬'이에요.

'시호'란 왕이나 왕비, 나랏일을 한 사람이나 훌륭한 선비가 죽은 뒤에, 그 사람이 살았을 때 어떤 일을 했는지를 살펴 받드는 의미를 담아 붙인 이름이에요. 송상현의 '충렬'이라는 시호는 송상현의 충성심을 담은 시호예요.

충렬사에서는 그 뒤 임진왜란 때 돌아가신 다른 사람들도 모셔 와 함께 제사를 올렸어요.

한참 뒤, 또 다른 동래부사가 지금의 충렬사 자리로 옮겨 송상현의 충성심을 널리 가르치기 위해 서원을 만들었어요. '안락 서원'이라는 이름의 이 서원은 조선 말 고종 때, 흥선 대원군이 서원 철폐령을 내렸을 때도 무사했어요.

고종이 어린 나이에 왕의 자리에 앉자, 그 아버지인 흥선 대원군이 대신 나라를 다스렸지요. 흥선 대원군이 편 개혁 정치 가운데 하나가 서원을 없애는 서원 철폐령이었어요.

서원은 나라에서 많은 혜택을 받고 있었어요. 그런데 조선 말이 되면서 서원이 너무 많이 생겨 나라에서 들이는 비용이 컸어요. 또한 처음과 달리 백성들을 힘들게 하는 곳도 많았어요. 이에 흥선 대원군은 전국에 중요한 서원 마흔일곱 개만 남기고 모두 없앴어요. 이것이 서원 철폐령이에요.

조선을 지킨 충신들의 사당이기도 했으니 안락 서원, 충렬사는 남겨졌지요.

자, 목숨을 바쳐 이 땅을 지킨 분들을 기억하며 다음 역으로 출발!

151

수안역 — 사또 나리, 원님 나리 일하시는 동헌

이번에 정차한 역은 수안역이에요.

이곳은 조선 시대 동래 부사가 나랏일을 하던 동헌이 있던 곳이에요. 으뜸 관아라고 해서 머리 '수(首)', 편안하다는 '안(安)'을 써 '수안'이라고 했어요.

혹은 땅을 조금만 파도 물이 나오는 마을이고, 동래성 수문 안에 있는 마을이라고 '물 수(水)', '수안' 마을이라 불렀다고 해요. 지금은 다른 한자를 써요.

그런데 '동헌'은 또 뭘까요? 동헌은 각 고을에 있던 관청의 중심 건물이에요. 관찰사나 수군절도사, 수령들이 지방을 다스리는 일이나 그곳 백성들의 재판을 여는 곳이었어요. 그런데 이름이 왜 '동헌'일까요? 지방을 다스리는 관리들이 사는 공간과 일하는 공간은 구분되어 있었는데, 사는 공간은 '내아'라고 했어요. 이 내아의 동쪽에 있기 때문에 '동쪽 동(東)'에 '집 헌(軒)', '동헌'이에요.

이렇게 동헌에서 지방을 다스리는 사람을 '수령'이라고 해요. 백성들은 보통 '원님'이라고 했어요. '사또'가 '원님'과 같은 말이에요. '사또 나리'라고 했지요.

'나리'는 또 무슨 말이냐 하면, 백성들이나 부하들이 당하관 벼슬아치를 높여 부르는 말이에요. 또 어려운 말 나왔지요. '당하관'은 뭘까요?

우선 조선 시대 벼슬의 높낮이를 알아야 해요. 벼슬의 높고 낮음을 일에서 구까지 아홉으로 나누었어요. 한 단계를 정과 종으로 다시 나누어 총 열여덟 단계를 두었어요. 가장 높은 벼슬이 정1품, 그다음이 종1품. 이렇게 정, 종을 반복해 정9품, 종9품까지 내려가지요. 이것을 '품계'라고 해요.

또 다른 벼슬의 구분은 당상관과 당하관이에요. 조정에서 나랏일을 할 때 대청(堂, 당)에 올라갈 수 있으면 당상관, 못 올라가면 당 아래 있는 벼슬아치라고 당하관이에요. 당연히 당상관의 품계가 더 높았지요. 원님은 당하관 벼슬이었어요.

당상관처럼 높은 벼슬아치를 부르는 또 다른 말도 있지요. '대감마님'과 '영감마님'이에요 대감은 정2품 이상의 벼슬아치나 벼슬을 했던 사람을 부르는 말이에요. 영감은 정3품, 종2품의 벼슬아치를 부르는 말이고요. 뒤에 붙는 '마님'이란 높여 부르는 말이에요.

그래서 옛날 드라마 사극을 보면 벼슬아치들끼리는 '○○대감', '○○영감', 이렇게 부르고, 더 낮은 사람이나 하인들은 '대감마님', '영감마님', 이렇게 올려 부르지요. 품계의 높이가 달라서 그래요.

이제 조선 역사를 다룬 사극을 보면 누가 더 높은지 낮은지 알 수 있겠지요.

자, 그럼 부산 4호선의 다른 역들을 빠르게 달려 봐요.

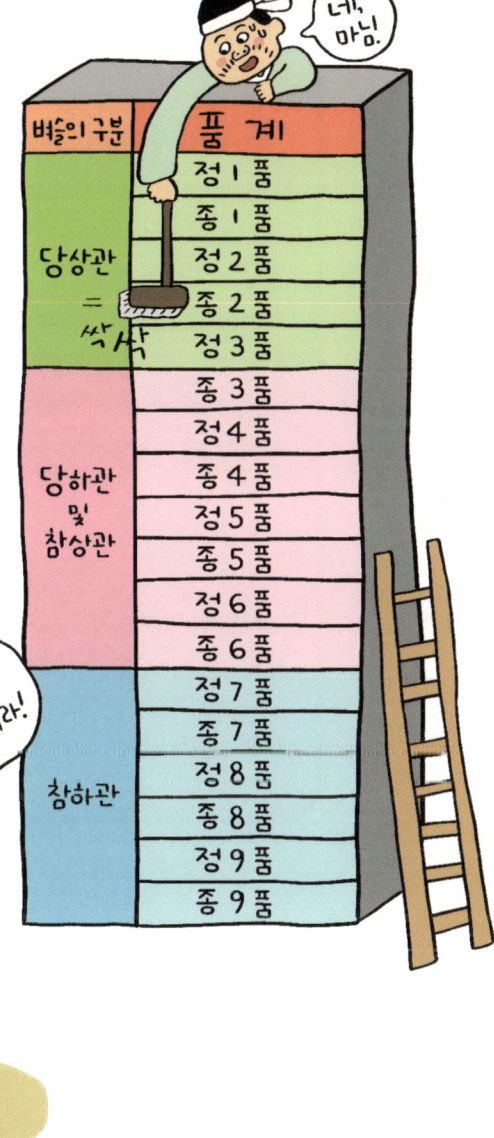

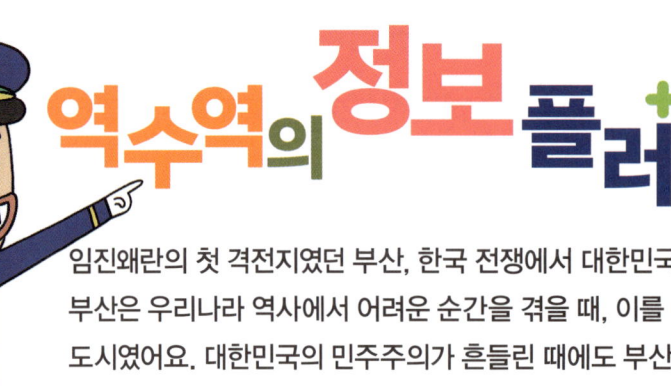

역수역의 정보 플러스

임진왜란의 첫 격전지였던 부산, 한국 전쟁에서 대한민국의 마지막 보루였던 부산은 우리나라 역사에서 어려운 순간을 겪을 때, 이를 이겨 내는 기틀이 되었던 도시였어요. 대한민국의 민주주의가 흔들린 때에도 부산은 항쟁으로 맞섰어요.

민주주의를 열망한 부산, **부마 민주 항쟁**

1972년, 박정희 대통령은 적으로부터 나라를 지켜야 한다는 국가 안보와 경제 성장을 내세워 대통령의 권한을 강하게 한 '시월(10월) 유신 헌법'을 만들었다.

긴 시간 나라의 권력을 차지하는 장기 집권, 모든 권력을 차지하는 독재가 심해졌다.

유신 체제를 반대하는 운동이 곳곳에서 일어났다.

박정희 정부는 이들을 잡아가고 고문하고 가두며 탄압했다.

정치, 사회, 경제, 문화 등 모든 부분에서 문제들이 불거졌다.

부산에서 1979년 10월 16일 유신 체제를 반대하는 대학생들의 민주화 운동 시위가 처음 일어났다. 뜻을 같이하는 시민들도 함께했다.

이틀 뒤, 민주화 운동은 마산으로 퍼졌다. 역시 대학생들과 시민들이 함께했다.

19일에는 더욱 격렬해져 고등학생들까지 참여했다.

이를 부산, 마산에서 일어난 민주화 운동이라고 해 '부마 민주 항쟁'이라고 한다.

두 도시를 억누른 **정부**

정부는 10월 18일, 부산에 비상계엄을 선포했다.
밤에 통행을 금지하는 시간을 두 시간 더 늘리고,
대학교에는 수업을 중단하는 휴교령을 내렸다.
군대를 보내 시위에 나선 학생들과 시민들을 해산시켰다.
많은 사람을 잡아가고 재판에 넘겼다.
10월 20일에는 마산에도 군대를 보내 질서를 유지하게
하는 위수령을 내렸다.
마산에도 휴교령이 내리고 야간 통행금지가 늘어났다.
군대가 두 도시에 들어가자 시위는 잦아들었다.

드디어 막을 내린 **유신 체제**

박정희 정부는 부마 민주 항쟁으로 내부 갈등이 일어났다.
강경하게 밀어붙이자는 편과 온건 대응하자는 편으로 의견이 나뉘었다.
이를 계기로 쌓인 갈등이 불거져 1979년 10월 26일 박정희 대통령이
죽임을 당했다.
이로써 유신 헌법에 따른 유신 체제는 끝이 났다.

민주주의 도시, **부산**

많은 사람이 다치고, 잡혀가며 힘든 시간을 보냈지만,
부마 민주 항쟁은 4·19 혁명, 5·18 민주화 운동, 6월 민주 항쟁과 더불어
우리 역사에서 민주주의를 지켜 낸 항쟁으로 높이 평가된다.
부마 민주 항쟁이 부산에서 처음 일어난 날,
10월 16일은 국가 기념일로 정해졌다.

우리 동네 역의 역사

부산 4호선 지하철역 이름에는 그 이름이 붙여진 이야기들이 있어요. 우리 동네 역 이름에는 어떤 이야기가 숨어 있을까요?

안평역

옛날 마을 앞에 신명역이 있어 역이 있는 곳은 '신명역촌'이라고 했다. 역 안쪽 들에 있는 마을이라 '안평'이라 했다. 혹은 임진왜란 때 마을 뒷산에 백성들이 산성을 쌓아 마을이 안전하고 편해졌다고 '안평'이라 했다고도 한다.

석대역

물이 맑고 경치가 아름다워 오륜대, 동대, 죽연대 등 흙이나 돌을 높이 쌓아 올려 이쪽저쪽을 바라볼 수 있게 만든 대가 이 주변에 많다. '석대'도 경치가 좋은 자리가 있어 붙여진 이름이 아닐까 짐작한다.

반여농산물시장역

'반여'는 작은 상을 뜻하는 '반(盤)', 같다는 '여(如)'로, 땅 모양이 작은 상, 소반처럼 동그랗다는 뜻에서 지어진 이름이라고 한다.

일제 강점기에 이곳에 있던 '금천' 마을과 '사천' 마을에서 한 글자씩 따와 '금사'가 되었다고 한다. '금(錦, 비단)천, 사(絲, 실)천, 회(回, 돌다)천' 같은 마을 이름은 수영강의 흐름이나 풍경을 표현한 이름이라고 한다.

옛날 동래부사가 쓰던 '명편'을 이곳에 보관해서 붙여진 이름이다. 명편은 옛날에 행사를 치를 때, 이를 흔들어 소리를 내서 사람들을 조용히 하게 만든 물건이다.

금사역 — **서동역** — **명장역** — **낙민역**

옛날 이곳에는 섯골 마을과 내곡 마을이 있었다. '내곡'은 안마실(안마을)이란 뜻으로, 동의 이름으로 알맞지 않다고 해서, 큰 마을인 '섯골' 마을의 이름을 따 '서동'이 되었다고 한다.

조선 시대에는 '남문동변리'라고 부르던 곳이다. 남쪽 문 주변 마을이라는 뜻이다. 백성을 살펴야 하는 수령이 백성을 즐겁게 해 준다는 뜻에서 즐거울 '낙(樂)', 백성 '민(民)'으로 이름을 고쳤다고 전해진다.

부산의 또 다른 전철

부산김해경전철 : 부산광역시와 김해시를 연결해요.
동해선 광역전철 : 부산광역시와 울산광역시를 연결해요.

부산김해경전철

- **가야대역**
- **장신대역**
- **연지공원역** — 공원 호수에 연꽃이 있어 '연꽃 연(蓮), 못 지(池)', '연지' 공원이라 했다.
- **박물관역**
- **수로왕릉역** — 동쪽에 금관가야의 첫 번째 왕인 김수로왕의 무덤, 수로왕릉이 있어 이름 붙여졌다.
- **봉황역** — 봉황 대공원이 가까이 있다. 봉황 대공원은 금관가야 사람들의 생활 모습을 볼 수 있는 집 세 채와 망루를 옛 모습대로 복원했다.
- **부원역** — 옛날 이곳에 김해부의 원(院)이 있어 붙여졌다고 짐작한다. 원은 나랏일을 보러 다니는 사람들이 머물던 곳이다.
- **김해시청역**
- **인제대역**
- **김해대학역**
- **지내역** — 마을 앞에 연못이 있어서 연못 안쪽이라 '못 안'이라 부르다가 한자로 '못 지(池), 안 내(內)'가 되었다고 한다.

동해선 광역전철

- **태화강역** — 신라 선덕 여왕 때, 자장율사가 세운 태화사 앞으로 흐르는 강이라서 이름 붙여졌다.
- **개운포역** — 역 근처에 개운포 성터가 있어 붙여졌다. 개운포 성지는 조선 시대 경상 좌수영 소속 수군진성이다.
- **덕하역** — '덕정'과 '하정'에서 각각 한 글자를 가져와 '덕하리'가 되었고, 역은 현재 덕하로(상남리)에 있다.
- **망양역** — 망양리에 있는 역이다. '망양리'는 망화동의 '망'과 산양동의 '양'을 따왔다.
- **남창역** — 남창리에 있는 역이다. '남창리'는 조선 시대, 거두어들이는 세금과 조세의 수납을 편리하게 하기 위해 이곳에 창고를 두어서 생긴 이름이다.
- **부전역**
- **거제해맞이역** — 원래는 '홰바지' 마을이라 불렀다. 부산장에서 집으로 돌아가는 길이 험해서 저녁이 되면 마을 사람들이 횃불을 들고 집으로 오는 사람들을 마중 나가서 붙여진 이름이라고 한다.
- **거제역**
- **교대역**
- **동래역**
- **안락역** — 이곳에 있던 안락 서원에서 동네 이름이 붙여졌다. 안락 서원은 임진왜란 때 순절한 송상현, 정발, 윤흥신 들을 모신 충렬사 안에 있던 서원이다.
- **부산원동역**
- **재송역** — 조선 시대 이곳에 소나무가 많아서 포구 이름이 '소나무 송(松)' 자가 들어간 '재송포'였다.

158

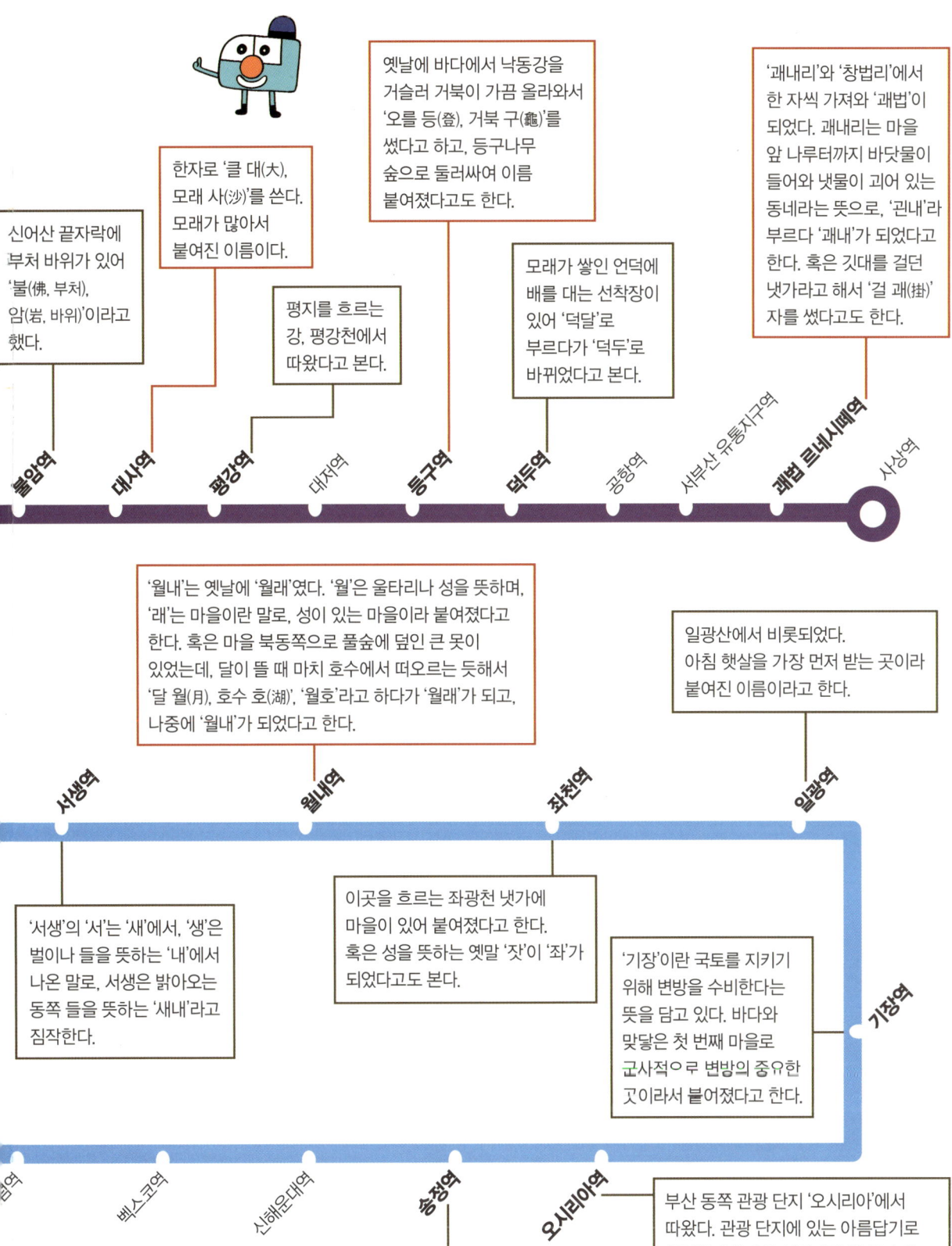